Jocelyne Dahan

Jocelyne Dahan est psychologue. Elle est l'une des pionnières de la médiation familiale en France. Directrice du Centre de médiation et d'accompagnement familial (CEMAF) de Toulouse, elle participe à de nombreuses publications et conférences sur ce thème.

Évangeline de Schonen-Désarnauts

Évangeline de Schonen-Désarnauts est psychanalyste. Elle a notamment écrit *L'enfant derrière la porte* (prix Vérité en 1993) en collaboration avec David Boisson.

Se séparer sans se déchirer

POCKET *Évolution*

Des livres pour vous faciliter la vie !

Allen CARR
La méthode simple pour en finir avec la cigarette

Marie-Josèphe CHALLAMEL
Mon enfant dort mal

Marie-Hélène COLSON
Réaliser sa sexualité

Jocelyne DAHAN
Se séparer sans se déchirer

Luce JANIN-DEVILLAR
Changer sa vie

Françoise DOLTO
La cause des enfants

Hugus LAGRANGE
Les adolescents, le sexe et l'amour

Gérard POUSSIN
Rompre ces liens qui nous étouffent

Stéphane SZERMAN
Le guide du bien-être

Maryse VAILLANT
L'adolescence au quotidien

Judith VIORST
Les renoncements nécessaires

Jane B. BURKA
et Lenora M. YUEN
Comment ne plus être en retard

Jocelyne Dahan
et
Évangeline
de Schonen-Desarnauts

Se séparer sans se déchirer

La médiation familiale : renouer le dialogue, protéger les enfants, dépasser la crise

ROBERT LAFFONT

ISBN : 2-266-11700-9

Sommaire

Avant-propos

Notre vie à chacun est un roman.
Vous, moi, nous vivons prisonniers
d'une invisible toile d'araignée
dont nous sommes aussi
les maîtres d'œuvre.
Anne ANCELIN-SCHUTZENBERGER,
Aïe mes aïeux

Au tout premier coup d'œil, ce livre peut apparaître comme pessimiste, ne donnant aucune chance aux couples qui se forment, ou formés, mais il n'en est rien. Bien au contraire, notre volonté est beaucoup plus simple, celle de dire et d'écrire que la crise est normale, tout comme la colère, la souffrance, et que ce n'est pas en l'occultant que « cela ira mieux demain », en priant l'autre de « parler d'autre chose » ! Le divorce, la séparation ne peuvent être accompagnés de toute façon que par la rancœur, la haine, la guerre sans fin, autant de situations qui mettent les enfants dans une position d'arbitres, d'objets, de cibles…

Bien sûr, ces cas de rupture ne concernent pas tous nos concitoyens, mais quand bien même ils concerneraient une poignée d'individus, si nous pouvons les aider, c'est déjà beaucoup.

Les femmes et les hommes qui se séparent doivent, aujourd'hui, savoir qu'ils peuvent trouver de l'aide, un soutien afin de jeter, ou plutôt construire, ensemble une passerelle pour l'avenir. Passerelle que leurs enfants pourront emprunter car ils la sauront suffisamment solide, même si, au plus profond d'eux-mêmes, la séparation de leurs parents ne leur est pas facile à accepter. Mais cela est avant tout la décision des adultes, et nous allons tenter d'expliquer pourquoi et comment cela doit le rester.

Accompagner des femmes, des hommes, des enfants dans une période de fragilisation, dc transition où les repères doivent être modifiés, repensés, parfois même construits pour la première fois, tel est notre métier.

Depuis plus de dix années, j'ai choisi d'exercer la médiation familiale car je crois résolument en la nécessité de restituer à chaque individu *sa* responsabilité, quelle que soit sa place dans la séparation : que ce soit celui qui part ou celui qui se sent abandonné.

Je voudrais insister sur le fait que demander à chacun d'être responsable est la seule voie pour ne

pas plonger dans un statut de victime dont il faudra bien du temps et de l'énergie pour se sortir.

La séparation est un phénomène de société certes, mais au-delà c'est d'abord l'histoire d'une femme, d'un homme, d'enfants, de grands-parents et de deux lignées qui se sont croisées à un moment donné et qui ne sauraient se délier du jour au lendemain.

Parfois aussi les émotions empêchent toute communication, et la solution pour porter les blessures sur l'autel des conflits devient la procédure, dure, fermée car elle est l'expression des rancœurs, des blessures encore à vif, des manques accumulés pendant des mois, des années.

Apprendre à se retrouver face à face, à entendre les souffrances de l'autre est un chemin emprunté par un nombre d'hommes et de femmes trop restreint et qui ne fait pas, encore, partie de notre culture.

En effet, pour beaucoup, les différends privés ne se règlent pas en public, et demander l'intervention d'un tiers est souvent vécu comme une intrusion, comme le constat de l'échec, celui de ne pas avoir « réussi » à faire seul, synonyme de manque de maturité, et l'illusion que la justice pourra reconnaître le coupable et le « juste ». La victime et son bourreau font partie de notre imaginaire collectif, et pourtant !

Si les tribunaux, les juges aux affaires familiales, les cours d'appel sont encombrés de dossiers, ce n'est pas seulement par manque de

moyens, mais aussi parce que chacun reste sur ses positions en étant sûr d'être dans le vrai et que « l'autre » est dans l'erreur.

Depuis quelques années, la médiation en matière familiale permet cette reprise du dialogue. Il faut cependant savoir que chacun peut y avoir accès à son rythme et en un temps qui doit être le bon moment pour soi car les chemins ne sont pas parcourus par tous de la même façon.

J'ai accepté la proposition d'écrire ce livre car il m'a semblé important de le réaliser en remerciement aux personnes qui m'ont fait confiance, qui ont accepté que je puisse entendre, accompagner leurs peurs, leurs inquiétudes et, par ma fonction de médiatrice familiale, aider à la gestion d'un conflit privé, pour que chacun conserve sa dignité, exprime ses besoins, construise de nouveaux repères de parents et continue son chemin de femme, d'homme.

Mon métier m'a fait rencontrer des professionnels avec lesquels j'ai interrogé ma pratique, modifié mon regard sur les modèles familiaux, et ma rencontre avec Evangeline de Schonen est une véritable ouverture, une respiration. Cet ouvrage n'aurait pas vu le jour sans sa précieuse collaboration, son grand respect des gens, sa connaissance des enfants et sa compétence pour les aider à dépasser leurs souffrances.

L'expérience de l'écriture à deux est à la fois simple et complexe. Simple, car tous nos échanges, lors de nos nombreuses séances de travail,

nous ont permis de mieux nous connaître, de nous interroger, d'aller au bout de nos questions, de nos hésitations, mais complexe car il est nécessaire de tenir compte de l'autre, de nos différences, pour reconnaître nos complémentarités.

Ce travail nous a amenées à toucher d'encore plus près la nécessité de partager sans empiéter sur le territoire de l'autre et d'enrichir nos pensées par nos compétences mutuelles.

Nous avons fait le choix d'écrire à la première personne du singulier sans distinction de celle qui tient la plume, peut-être parce que nous connaissons nos différences et les acceptons, mais aussi pour un plus grand confort du lecteur.

Combien de fois avons-nous établi le constat de la complexité de la vie amoureuse, de l'histoire des couples, de la possibilité de vivre la séparation comme une étape de transition qui peut aussi devenir une opportunité de changement dans la vie des individus, et de la place de l'inconscient qui guide nos pas et donne sens à nos vies !

Les enfants ont été présents tout au long de la rédaction de ce livre, leurs paroles nous ont guidées, nous nous sommes interrogées sur la place, la juste place de la prise en compte de leur parole. Mais au juste, dans quel lieu, pour qui, pourquoi ?

Ce livre est un recueil des différentes expériences que nous avons croisées au carrefour de notre rencontre. Il ne se veut pas un manuel de savoir, de réponses toutes faites, mais un partage avec des familles, des enfants que nous accompagnons pour que leurs expériences, leurs souffrances, leurs espoirs ne s'enfouissent pas dans l'indifférence et que le partage avec d'autres devienne possible dans le respect de la dignité qu'ils nous ont offert.

Vous y trouverez, peut-être, des similitudes avec vos propres histoires de vie, vos difficultés, vos questions, et tant mieux car c'est bien là notre objectif, et peut-être verrez-vous qu'il ne peut pas y avoir une réponse mais autant de réponses que d'individus différents.

Introduction

« Tout va mal, les couples se séparent, les enfants sont promenés d'une maison à l'autre, d'une famille à une autre ! Et tout cela par *sa* faute, pourquoi ? »

Tels sont les propos qui me parviennent lors des demandes de rendez-vous. Il est vrai que le constat est aisé : le couple n'est plus une assurance pour l'avenir.

La séparation ou le divorce sont des phénomènes de société ou plutôt les indices de la difficulté à trouver des repères dans une époque en pleine mouvance.

Les conflits qui s'ensuivent indiquent la nécessité de comprendre, d'identifier les besoins des couples qui vivent ces situations et la prise en compte de leurs demandes par des professionnels pour leur répondre et les aider à trouver leurs propres nouveaux repères.

Pouvons-nous nous contenter de continuer d'affirmer que plus rien ne va, et nous satisfaire du discours qui met en comparaison l'« avant » et l'« aujourd'hui » ? Trouverons-nous des réponses en restant accrochés à des images, à des valeurs différentes, peu adaptées aux besoins contemporains ?

La fin du XIXe siècle a marqué, progressivement, un changement des rituels, des modes de vie, le passage vers la mise en place de nouvelles normes sociales.

Si le mariage se concluait encore jusqu'à la Seconde Guerre mondiale sur un mode économique – par l'alliance de type corporatiste ou économique : la fille du minotier et le fils du boulanger, par exemple –, le XXe siècle marque l'affirmation du choix du conjoint par les intéressés eux-mêmes.

La base de l'union est construite, aujourd'hui, sur le choix amoureux, le droit à l'épanouissement personnel, professionnel, et c'est bien là le pari le plus complexe car nous savons tous que les sentiments ne sont pas statiques, qu'ils évoluent au rythme de la vie, des individus.

La dernière partie du siècle, de l'après-guerre à nos jours, a inscrit des modifications importantes du fonctionnement familial ; l'avancée technologique, la poussée vers les zones industrielles ont pour conséquence la fin de la famille élargie, de type agraire.

Au sein de ces familles, les rôles étaient parfaitement repérés, les anciens avaient, le plus souvent, la fonction de la transmission culturelle, de la prise en charge, en partie, de l'éducation des petits-enfants, et la publicité a su s'emparer de ces clichés pour en faire de nouvelles images d'Épinal : les mamies confectionnent les desserts, conseillent sur l'art des tâches ménagères…

L'isolement, l'expansion économique puis, depuis 1970, les conséquences de la crise économique secouent l'équilibre familial et les chiffres reflètent une modification significative des fonctionnements familiaux, le taux de divortialité est en constante augmentation.

En effet, les instituts officiels [1] indiquent que dans notre pays, en 1995 :

- Les services d'état civil enregistrent 1 divorce pour 3 mariages, et ces chiffres sont supérieurs dans les grandes villes : 1 divorce lorsque 2 mariages sont comptabilisés.
- Environ 115 000 divorces ont été prononcés en 1995 alors que 170 000 procédures ont été introduites auprès des tribunaux de grande instance, dont plus des trois quarts par des femmes.

---

1. Source : Institut national des études démographiques, chiffres de 1995.

- 3 prononcés de divorce sur 5 reviennent devant les juges aux affaires familiales pour une demande de modification des décisions rendues par les magistrats lors du prononcé des divorces. Ces procédures sont généralement sollicitées dans les deux à trois années qui suivent l'acte.
- Les divorces interviennent, pour environ 70 % d'entre eux, alors que les enfants sont âgés de 3 à 6 ans.
- 2 000 000 d'enfants sont concernés par ces situations familiales et les chiffres officiels montrent que, pour la moitié de ces enfants, le lien avec le parent dont ils ne partagent pas le quotidien est distendu, voire inexistant, et que la plupart du temps il s'agit du père.
- Environ 87 % des enfants vivent au quotidien avec leur mère.
- Plus de 43 % des participations financières à l'éducation des enfants ne sont pas, ou peu, versées. Signe d'une conjoncture économique difficile, certes, mais aussi signe de blessures non pansées pour les adultes lors de ces séparations, signe d'un refus d'être cantonné à un rôle économique pour de nombreux pères.

Tous ces chiffres qui nous tombent dessus peuvent nous donner le tournis, ils sont le constat d'une modification sociale que nul ne peut, à présent, ignorer, et c'est bien parce que l'image et le fonctionnement de la famille se sont modifiés ces dernières années qu'il devient nécessaire d'adapter des outils et des modes d'intervention du travail social, psychologique, juridique.

D'autre part, l'imprégnation des discours des sciences humaines, et notamment de la psychologie, ont rendu évidente la nécessité de la présence des deux parents auprès de l'enfant pour l'aider, l'accompagner dans sa construction identitaire psychique et sociale. Françoise Dolto a marqué notre époque, trouvant, à chaque fois, le mot juste pour dire et répondre, pour entendre l'enfant et l'aider à trouver sa place.

La Convention internationale des droits de l'enfant, ratifiée par la France, a confirmé ce droit, et notamment celui de tout enfant à sa famille, à ses deux lignées.

De plus en plus, les discours politiques invitent à la responsabilité, à la gestion des différends par des négociations directes afin d'éviter l'escalade des conflits. L'introduction de la médiation familiale, depuis dix ans, favorise ce passage.

La médiation familiale est un mode d'accompagnement professionnel qui prend appui sur un processus structuré dont les arrière-plans théoriques sont à la fois issus de la psychologie, de la négociation et de différents courants (systémique, analytique...), et qui se réfère tout particulièrement aux théories de la communication.

Pourquoi rencontrer un médiateur ? À quoi cela peut-il servir de raconter son histoire à un étranger ? Quelle est la crédibilité des médiateurs ?

Ces questions sont les premières posées par le tout-venant. À ces points précis, des réponses précises peuvent être fournies, et je tenterai de le faire, mais il est clair que pour chaque médiation le travail est différent et se doit de l'être : autant de familles, d'histoires différentes que de réponses différentes !

La médiation en matière familiale est définie par l'Association pour la médiation familiale (APMF) de la façon suivante [1] :

« La médiation familiale en matière de séparation et de divorce est un processus de gestion des conflits dans lequel les membres de la famille demandent ou acceptent l'intervention confidentielle et impartiale d'une tierce personne, le médiateur familial.

« Son rôle est de les amener à trouver eux-mêmes les bases d'un accord durable et mutuellement acceptable tenant compte des besoins de chacun, et particulièrement de ceux des enfants, dans un esprit de coresponsabilité parentale.

« La médiation aborde tous les enjeux de la désunion, notamment relationnels, économiques, patrimoniaux, etc.

---

1. APMF : association nationale, adresse en annexe.

« Par extension, ce processus peut être accessible à l'ensemble de la famille (ascendants, descendants ou collatéraux), qui est concernée par une rupture de communication dont l'origine est liée à la séparation : la succession, les nouveaux conjoints ou compagnons, les placements familiaux. »

La médiation familiale est, pour moi, un « entre-deux » qui offre un espace de compréhension du conflit.

Espace qui permet, avec le temps, d'intégrer la situation nouvelle, aux émotions de s'exprimer, et qui favorise pour les parents le fait de conserver leurs responsabilités, d'être acteurs de leurs décisions et d'organiser par eux-mêmes les nouvelles relations familiales.

Bien entendu, la médiation familiale propose un accompagnement de la gestion de nombreux conflits intrafamiliaux : les difficultés liées au vieillissement d'un parent, la rupture de relation entre parents et enfants, conflits entre héritiers dans le cas des successions, et c'est dans le cadre de la gestion des divorces et des séparations qu'elle se pratique le plus souvent. C'est de cette médiation qu'il va s'agir dans cet ouvrage.

Tout membre d'une famille concerné par cette problématique peut faire appel aux services d'un médiateur familial : enfants, conjoints, compagnons, grands-parents. Aujourd'hui, les familles peuvent avoir recours à ces services soit par elles-mêmes, « de façon spontanée », soit sur les conseils d'un professionnel tel qu'un médecin, un travailleur social, un psychologue, un psychothérapeute, un avocat, mais aussi sur proposition d'un magistrat, et il est important de rappeler que le caractère volontaire de cette démarche demeure indispensable.

Les familles peuvent solliciter l'intervention d'un médiateur familial à tout moment du différend : dès que se pose, pour l'un des deux partenaires, la question du maintien de la vie conjugale ; lorsque la séparation est établie mais aussi lorsqu'elle est effective depuis parfois plusieurs années et que les conflits perdurent. Une place particulière est donnée à la médiation dans cet ouvrage.

J'ai pu noter, au travers de ma pratique, qu'un certain nombre de couples qui s'adressent à nous, en amont de toute procédure, vont, la plupart du temps, pouvoir trouver des accords par eux-mêmes et parfois décident du maintien de la vie conjugale.

Je n'ai pas rencontré de couples qui, effectuant une médiation familiale, dans son ensemble, officialisaient ensuite leur séparation de façon conflictuelle ; au contraire, cette aide permet souvent de modifier un divorce demandé « pour faute » en un divorce consensuel.

Mais parler de la séparation, du divorce, nécessite, tout d'abord, de prendre le temps de parler du couple, de la rencontre d'une femme, d'un homme.

« Quand je l'ai vue, j'ai su que c'était elle ! » « Vous n'allez pas me croire, mais dès le premier regard j'ai senti, au plus profond de moi-même, que je ne pouvais pas un instant de plus être éloignée de lui », ou encore : « Notre rencontre ? J'étais encore très blessé par une rupture, je l'ai croisée chez des amis ; sa gentillesse, sa spontanéité m'ont fait sourire, mais aujourd'hui, avec le recul, je pense que ce n'était pas de l'amour… »

Ces phrases entendues dans mon bureau ont ponctué bien des entretiens, tout au long de ces dernières années.

Pour la plupart de ces hommes et de ces femmes, cette période de leur vie les rend particulièrement fragiles. Pour beaucoup, le sentiment qui domine est que tout bascule, s'effondre, et pourtant, sur les terres les plus dévastées, sur les béances des souffrances, la vie continue de s'enraciner et de nouveaux bourgeons finissent par poindre à l'aube d'un printemps dont le rythme et l'émergence sont différents pour chacun.

Pour les uns, c'est une rencontre nouvelle qui « déclenche » la séparation ; pour d'autres, un effilochage long et insidieux qui finit par faire rompre la trame de la vie conjugale et va induire une nouvelle organisation des relations avec les enfants, une nouvelle définition de leur parentalité.

Évoquer la responsabilité des parents a rendu nécessaire, pour moi, le temps d'une réflexion relative à la notion de « parentalité ».

Être parent : est-ce donc un état, un état de fait, un état acquis au fil des jours ? Comment devient-on parent ?

La question se pose depuis la nuit des temps, et l'ensemble des professionnels de l'accompagnement familial se penchent sur cette question. Des « Écoles des parents » ont même été créées ; pour autant la parentalité peut-elle s'enseigner ? Les récentes mesures gouvernementales, en mettant en place une Délégation interministérielle à la famille, les Conférences annuelles de la famille, marquent l'intérêt des pouvoirs publics et confirment la nécessité d'un soutien à la « fonction parentale » en suscitant la mise en place d'espaces et de lieux propices à l'accompagnement et au soutien des familles.

Être parent fait référence tout à la fois à la notion de famille et à la relation entretenue avec des enfants. Par là même il est question de relations conjugales, et en amont de la constitution du couple !

Il est alors question de la rencontre de deux individus, eux-mêmes enfants de leurs propres parents…

La parentalité reste, pour moi, une histoire construite en cercle qui se boucle, qui va d'un enfant à un autre enfant en passant par l'état d'homme, de femme. Reconnaître une place pour la conjugalité et une autre différente pour la parentalité est important.

Le passage de l'un à l'autre de ces états ne va pas de soi, mais nécessite des ajustements, des confrontations, parfois des affrontements, et de nombreuses civilisations marquaient, à l'aide de rituels, ce *passage*. Que nous en reste-t-il aujourd'hui ?

Au travers de toutes les histoires si différentes mais si semblables dans le chagrin, la souffrance, j'ai pu, progressivement, rassembler mes analyses, poser des hypothèses pour tenter de comprendre tous les mécanismes si complexes que sont : le choix du conjoint, la vie conjugale, la vie familiale, les ruptures, leur gestion pour chacun des membres de la constellation familiale.

Je vous invite, lecteurs, à m'accompagner au travers d'histoires familiales pour entrer dans la sphère privée des familles dont l'histoire est anonyme, dans le respect de la confidentialité.

[illegible]

[illegible] Après [illegible] deux [illegible]
[illegible] un jargon complexe dont la traduction [illegible]
[illegible] à chacun ?

[illegible] la vie [illegible] avant de se pencher sur les cahiers [illegible] sur une [illegible] enfin la spécificité de la [illegible] par la présence d'un

1

La conjugalité

Remplissez la coupe de l'autre, mais sans boire à une seule,
Chantez, dansez ensemble, soyez joyeux mais donnez-vous
[la solitude,
Confiez vos cœurs, mais pas l'un à l'autre,
Car les piliers du temple sont séparés
Et le chêne comme le cyprès ne croissent pas à l'ombre de
[l'autre.
Khalil GIBRAN, *Le Prophète*

Si le terme de conjugalité peut paraître étrange, dissonant, et relever du jargon professionnel, il me semble pourtant être le plus évocateur de la vie en couple. Après tout, vivre à deux n'est-ce pas aussi un jargon complexe dont la traduction et la signification sont propres à chacun ?

J'ai choisi d'évoquer la vie en couple, puis la vie de parents, avant de me pencher sur les crises qui, parfois, peuvent déboucher sur une séparation, et enfin la spécificité de la médiation familiale dont l'objet est d'aider, par la présence d'un tiers professionnel, à la gestion de la séparation et à la mise en place d'accords qui prennent en compte les besoins de chacun des membres de la famille sans perdant, sans gagnant, simplement avec deux adultes, parents, qui vont pouvoir continuer à être présents, autrement, auprès de leurs enfants.

Pour réfléchir ensemble à la conjugalité, je ferai référence à quelques ouvrages qui m'ont aidée à mieux comprendre le fonctionnement des couples. Vous pourrez ainsi les consulter, à votre tour, si vous en sentez le besoin.

Le premier est l'ouvrage d'Yves Savoy[1]. La définition du couple qui nous y est donnée est la suivante : « À moins d'en rester à l'ancienne définition qui désignait tout simplement la paire, le couple est toujours en formation, en transformation. Comme la pensée, la relation de couple n'est pas une chose, mais un phénomène. » Vivre en couple n'est-ce pas tout d'abord une histoire de grammaire, une histoire de conjugaison : c'est le passé de chacun qui vient nourrir le présent à deux, pour devenir le futur à trois, voire à quatre.

S'agit-il seulement de l'addition du « je » et du « tu » qui deviennent « nous », ou de l'illusion que le « nous » suffirait à surmonter la monotonie du quotidien ?

Comment aborder le futur lorsque ce « nous » qui a bercé des espoirs, des rêves, s'affaiblit peu

1. Y. Savoy, *Duo/Duel*, Labor et Fides.

à peu, ou brutalement, et qu'il devient « toi et l'autre », « les enfants et moi » ?

Par quelle alchimie du temps le futur peut-il recommencer à exister lorsque le présent ne ressemble qu'à un épais brouillard que rien ne semble pouvoir dissiper ?

La nature nous offre une merveilleuse illustration : l'hiver, alors que les arbres nus sont secoués, remués, perdant parfois leurs branches dans la tourmente, peu à peu, avec ténacité, les jours rallongent, le ciel se découvre et enfin les bourgeons reviennent et permettent à la nature d'éclater dans un retentissement et sous le soleil encore timide parfois.

La nature a cet avantage sur les humains : elle connaît la patience et la persévérance, elle sait qu'après le froid et la solitude des jours meilleurs reviennent. Cela est imprimé dans sa mémoire et, depuis la nuit des temps, elle sait se plier à la douleur pour en ressortir plus forte, ou tout simplement différente à l'aube d'un nouveau printemps.

Mais la femme, l'homme n'ont pas cette connaissance du futur, du demain dont on ne peut dire, avec exactitude, quand il sera.

La souffrance est difficile à accepter ; il semble que jamais le jour ne se lèvera et pourtant il faut parfois puiser dans la solitude, dans ce face-à-face avec soi-même, dans le dépouillement, pour trouver la force de continuer et avoir, avec le temps, la satisfaction d'un autre demain.

Enfant, c'est notre propre modèle familial qui modélise nos gestes, nos habitudes, nos rythmes, nos rites.

Au fil des jours et des années, l'enfant va engranger, emmagasiner des images, des odeurs, des mots : c'est l'acquisition de la culture familiale, un patrimoine que chacun transmet à ses propres enfants, tente de partager avec celle ou celui qui l'accompagne dans la vie.

Mais, au-delà de la famille, c'est dans le monde professionnel que ces apprentissages familiaux vont nous permettre de gérer nos relations avec les collègues de travail, la hiérarchie, et nous avons beau nous défendre en prétendant ne pas vouloir faire « comme nos parents », bien souvent ces apprentissages resurgissent au détour de notre vie.

Qui n'a jamais entendu son conjoint, son compagnon, voire ses enfants dire : « Mais on dirait vraiment ta mère, ou ton père ! »

Car c'est bien de l'observation, de l'intégration des modèles relationnels des parents, que va se forger la construction de notre propre représentation de la relation conjugale.

Le couple se vit, c'est un phénomène relationnel, sur la scène duquel peuvent se revivre des conflits refoulés, et c'est aussi le lieu pour les projets qui se construisent afin d'étayer, renforcer la structure qui reste la base de la famille : le couple.

Mais comment choisissons-nous notre conjoint ? Pur hasard ou choix guidé par notre inconscient qui a, lui, c'est sûr, une idée bien définie, mais dont la lecture ne nous est pas livrée en langage décodé. Je vous invite à prendre le temps de réfléchir à ces mécanismes.

De la constitution du couple à la séparation

Le couple est un objet d'étude et d'écriture de prédilection, et de nombreux auteurs se sont penchés sur la question. Parmi eux, Sigmund Freud disait : « Le couple est la rencontre de deux névroses. »

Mais même averti, l'individu est-il pour autant libre de ce choix, dont les raisons apparentes sont souvent repérées et qualifiées par la spontanéité, le désir, l'attrait et ne peuvent être dissociées de « raisons » inconscientes guidant les pas d'un individu vers un autre, justement celui-ci et pas un autre ?

Au travers de mon expérience, j'ai le sentiment que les couples aujourd'hui ont construit de véritables règles qui s'apparentent à un inventaire ou une nomenclature des normes de constitution et de fonctionnement dont le respect, le suivi sont nécessaires, voire obligatoires pour tout couple !

La presse féminine n'a de cesse de guider, d'éclairer, d'expliquer ces comportements :

« Êtes-vous une épouse modèle ? » ou encore « Votre mari est-il parfait ? », et il devient de plus en plus difficile de s'identifier à ces descriptions qui renvoient trop souvent à la culpabilité de ne pas « être à la hauteur », de ne pas pouvoir atteindre une perfection qui paraît simple pour certains, ceux qui se trouvent être l'élite cible de cette presse.

Je suis frappée des exigences posées par de nombreux couples, notamment les plus jeunes (de vingt à trente-cinq ans), quant aux « normes de fonctionnement idéal » nécessaires, à leur sens, et qui peuvent devenir rapidement inaccessibles. Le sentiment d'insatisfaction est rejeté aux oubliettes : « Je n'osais pas dire aux autres que je commençais à m'ennuyer dans ma famille, pourtant j'avais tout pour être bien, j'avais la chance de rester chez moi pour les enfants, un mari que beaucoup de mes amies m'enviaient et pourtant… Ce n'était pas la vie que je voulais au fond de moi, j'avais envie que tout bouge, de travailler, de voir des gens, de rire… », explique Lisette, une jeune femme de trente-trois ans, séparée de son conjoint depuis quelques mois.

Ainsi, le couple va se construire en prenant appui sur les valeurs propres à chacun des conjoints, parfois partagées, ou plus exactement avec l'impression de les partager.

La description faite par Robert Neuberger[1] quant à la construction des couples et des mythes

1. R. NEUBURGER, *Nouveau Couple*, éd. O. Jacob.

qui fondent le socle sur lequel la relation prend appui me semble tout à fait juste. Je vous en livre un extrait :

« Les mythes sociaux et psychologiques d'une norme de comportement pour les couples sont actuellement les suivants :

– dans le couple, chacun doit être autonome d'un point de vue psychologique comme d'un point de vue financier ;

– la relation dans le couple ne doit être ni "fusionnelle", ni du type père-fille ou mère-fils, ni fraternelle ;

– le couple lui-même doit être autonome, c'est-à-dire détaché des parents ; néanmoins, il doit conserver de bonnes relations avec ceux-ci, en particulier s'il y a des enfants ;

– les tâches ménagères doivent être réparties..., le couple doit avoir une vie sexuelle riche ;

– le couple doit préserver un espace d'entente... »

La liste de ces exigences est telle que l'on peut se demander si elle ne s'apparente pas aux douze travaux d'Hercule !

Cet exposé nous explique de façon claire que le couple se constitue et fonctionne à la fois de façon interne : de « toi à moi », de « moi à toi », et en même temps de façon externe : « nous et les autres », « les autres et nous ».

Le regard que posent la famille, les amis, les collègues de travail sur le couple n'est pas dénué de jugement. D'ailleurs n'est-ce pas le fait que le groupe familial reconnaisse une relation à deux comme celle d'un couple qui permet l'inscription officielle ?

De nombreux couples disent que le premier repas dans l'autre famille marque une étape différente, une reconnaissance de l'existence de cette histoire et, par là même, le fait d'intégrer peu à peu, dans les rites de ce couple, ceux du groupe familial auquel on « s'associe », et cela même si beaucoup s'en défendent en affirmant : « Je l'ai choisi(e) mais je n'épouse pas sa famille ! »

Notre regard n'est pas neutre, il est guidé par notre propre jugement, nos valeurs, notre histoire familiale.

Ne vous est-il jamais arrivé, en observant un couple, de vous dire : « Mais que peut-il lui trouver ? », « Ils ne sont vraiment pas faits pour être ensemble », mais aussi parfois : « Ils se séparent !... »

Heureusement, tous ces « mécanismes » qui guident les pas d'un individu vers un autre sont inconscients et ne nous parviennent pas en langage décodé, car sans cela comment oserions-nous aborder la vie conjugale sans être totalement inhibés et que ferions-nous de nos attentes, de nos espoirs ?

Le premier couple relève de la nuit des temps : « Ève et Adam », cette compagne offerte à Adam pour lui permettre de sortir de la mélancolie, de l'ennui. Rencontre quelque peu étonnante, cette femme « sortie » de lui-même, faite de sa propre chair, de sa côte, et qui l'entraînera vers le péché…

Doux péché réitéré par des générations et qui reste l'objet de bien des études, des réflexions : le couple se constitue-t-il sur l'amour ou bien est-ce l'amour qui constitue le couple ?

Il me semble important de décrire, à présent, les principales étapes de la vie du couple.

Les étapes de vie du couple

Le psychanalyste Jean Lemaire demeure, pour moi, l'un des auteurs principaux ayant écrit sur ce thème. Dans son livre *Le Couple, sa vie, sa mort*[1], il nous ouvre les portes d'une compréhension du fonctionnement du couple.

« Complexité » devient le mot clé et « patience » celui des professionnels qui accompagnent les histoires de couples !

Le couple vit et construit son histoire de façon progressive, par différentes étapes que j'ai repérées, observées, et qui m'amènent à constater une similitude avec les étapes du développement psycho-affectif de l'enfant, une superposition de la construction du couple. Celle de l'enfant peut alors s'en dégager.

Je reprendrai plus tard, en détail, les différents stades de la construction identitaire des enfants

1. J.G. Lemaire, *Le Couple, sa vie, sa mort*, éd. Payot.

afin de mieux comprendre leurs réactions face à la séparation de leurs parents.

Cette proposition de lecture et d'analyse m'est propre, avec tous les doutes des hypothèses que ma pratique m'amène à rencontrer. Je me propose de vous en livrer la trame, ainsi j'identifie des étapes que je développe ci-après.

Le point zéro

« Il était une fois, un homme et une femme », c'est le début de l'histoire ! Bien souvent, les uns et les autres appellent la toute première rencontre le « coup de foudre ». Les facteurs qui attirent une femme vers un homme, ou vice versa, ne sont pas toujours distinctement perçus, c'est un tout, un regard, une attitude, parfois une voix.

Le tout premier moment de la rencontre est une période hors du temps, vécue souvent sur le mode fusionnel, durant laquelle les partenaires se découvrent sans, la plupart du temps, aborder les différences : « Ce qui est toi est moi », « Nous pensons la même chose », « Nous aimons les mêmes lectures, la même musique ». Il semble qu'il n'y ait plus qu'une seule personne sans pouvoir, toujours, repérer ce qui appartient à chacun, et le singulier disparaît au profit du pluriel qui devient le mode de conjugaison principal.

À cette étape de leur rencontre, Lisette disait : « Entre Hervé et moi, c'était extraordinaire, la première année suivant notre rencontre, nous nous comprenions même sans parler, c'est peut-être bête, mais j'avais vraiment l'impression que nous ne faisions qu'un… »

C'est ce même état qui caractérise la naissance, état nommé par la psychologie « état fusionnel » entre le nouveau-né et sa mère, sans différence entre lui et celle qui répond à ses besoins primaires, celle qui le nourrit et qui répond à ses besoins, qui le comprend sans même la parole.

Je voudrais, dans ce paragraphe, saluer les parents que j'ai accompagnés dans leur séparation à la suite d'une naissance différente, d'un enfant qui n'est pas arrivé jusqu'à la vie, qui les a quittés quelques jours, quelques mois après sa naissance ou qui est arrivé différent, trop différent de cet enfant rêvé. Le poids de la culpabilité, la question « pourquoi nous ? » restée sans réponse, le trop peu de structures pour accompagner le désarroi de ces parents les conduisent au silence, silence qui devient épais comme une muraille et qui les amène à se séparer car le regard de l'autre n'est plus supportable. Pour tous ces enfants, tous ces parents, il est urgent de mettre en place un accompagnement, un soutien et plus jamais oser dire : « Tu en auras un autre, il faut te consoler… » Il n'y a pas de deuil qui se fasse sans que l'on accepte de nommer les événements, les pertes.

Du point « zéro » à trois ans

Alors que pour l'enfant c'est une étape qui se caractérise par l'acquisition des principales fonctions le guidant vers l'autonomie : se déplacer, marcher, la préhension, le langage, la propreté…, pour le couple c'est souvent l'étape marquée par la vie en commun : les projets se concrétisent, c'est une période active pour la « reconnaissance » par le groupe familial et social de l'état de couple. Durant cette période, des projets se font et la décision de la vie commune est souvent prise. Le « futur » est présenté à la famille avant d'être intégré, et c'est aussi l'autonomie face à la famille et l'engagement face au partenaire.

De trois à six ans

L'enfant entre dans l'ère œdipienne, période de la construction consciente de l'appartenance à une identité sexuée. Il s'agit de cette période durant laquelle les petites filles d'environ six ans expriment le vœu d'épouser leur papa, les petits garçons leur maman. L'interdit de l'inceste permet à l'enfant d'orienter son désir vers l'extérieur.

Pour la plupart des couples, c'est l'étape du passage de la vie de couple à la vie de famille.

Le passage du duo au trio n'est pas aisé ; il nécessite une réorganisation, un ajustement pour que chacun des deux partenaires trouve une place, sa place.

Des tâtonnements sont fréquents, les couples disent l'importance de ce changement et soulignent la perte du spontané, tout est à présent décidé à l'avance et souvent la vie « avec les copains » est mise entre parenthèses.

De sept à neuf ans

Dans la construction psycho-affective de l'enfant est observé ce qui est appelé « période de latence », ou plus précisément une période d'approfondissement des acquis avant la période de bouleversement que sera l'adolescence.

Peu à peu, pour le couple, c'est souvent un départ en parallèle de la vie sociale, de la gestion de la carrière. Ce changement se réalise de façon progressive, sans bruit, comme si chacun commençait à vivre en célibataire au sein du couple. Pourquoi renoncer à la mise en place d'un projet personnel, professionnel ? Les loisirs, les centres d'intérêt individuels émergent de nouveau : pourquoi renoncer à ce qui n'est pas partagé avec l'autre, au risque d'une frustration individuelle ?

Ce n'est, bien entendu, pas la mise en place ni la réalisation de projets individuels qui mettent en péril la vie familiale, la relation conjugale. Au contraire, il s'agit de reconnaître des besoins propres, le fait d'exister de façon indépendante de l'autre. C'est le manque de dialogue, les non-dits, le fait de croire, ou de vouloir croire, que l'autre

« sait », qu'il peut comprendre sans que l'échange soit établi, qui fait imaginer la crainte de voir l'autre refuser ses propres besoins. La frustration et le silence mettent en place les premiers écarts relationnels. Chacun s'oriente vers des centres d'intérêt différents. Combien de couples disent alors vivre la vie familiale comme la vie professionnelle : tout doit être planifié, prévu, et les partenaires inséparables des premiers jours finissent par se croiser au détour des petits matins !

De dix à treize ans

L'enfant vit comme un bouleversement ce passage de la vie d'enfant vers la vie d'adulte, ce passage complexe qu'est l'adolescence, et qui va avoir des répercussions sur le fonctionnement du couple. En remettant en cause les valeurs fondatrices de la famille, le jeune remet souvent en cause l'équilibre mis en place, et il est fréquent de voir des couples très ébranlés, perdus, en recherche de compréhension.

Comme pour le jeune, ce passage est délicat et il correspond à une période de bilan, d'interrogations. C'est un véritable équilibre fragile ; un pied dans le monde de l'enfance et l'autre dans celui des adultes !

Pour le couple, c'est l'heure des interrogations, la modification du mode de communication des premiers temps. Les peurs de chacun vont, parfois, entraîner des questions : « Est-ce que je l'aime encore ? » ou bien « À quoi se résume ma vie ? », « Je ne veux pas rater le reste de ma vie ! »

Les silences, l'éloignement font surface et laissent place aux rancœurs, à l'interprétation des gestes, des silences ou des mots de l'autre.

Pour beaucoup, c'est l'heure de vivre sa propre vie, la décision de ne pas vouloir continuer. L'adolescence des enfants renvoie en miroir un passage à un stade de la vie qui s'écoule, des souvenirs qui se comptabilisent par dizaines d'années. Pour certains, cette étape devient insupportable et le besoin de vivre pour soi sans être obligé de se confronter aux difficultés, à la crise, peut alors être, momentanément, réglé par une rencontre extérieure, par un départ professionnel qui éloigne du foyer pour prendre de la distance.

Ces quelques descriptions vont me permettre de revoir en détail la vie conjugale et de prendre le temps de décrire les étapes qui balisent la vie des couples.

Les différentes constructions des couples

Le tout premier moment de la rencontre reste souvent ancré comme un souvenir inaltérable dans les mémoires mais qui s'enfuit au fur et à mesure des années, recouvert par le quotidien de la vie conjugale.

Pour beaucoup, la question se pose à un moment ou à un autre : « Comment avons-nous décidé de vivre ensemble ? Pourquoi ? » Il est nécessaire de revenir en arrière pour éclairer ce choix.

J'ai évoqué, précédemment, le fait que notre choix, pensé souvent comme le « fruit du hasard », soit guidé par bien d'autres facteurs qui nous viennent de nos histoires familiales, des valeurs transmises en héritage de l'appartenance filiale, des manques et des besoins[1].

L'une des toutes premières questions que je pose aux couples qui viennent me voir est : « Pouvez-vous dire comment vous vous êtes rencontrés ? » ou bien « Aujourd'hui, avez-vous le souvenir de ce qui vous a attiré, plu, chez l'autre ? »

Au travers du quotidien de mon activité, des questions posées pour comprendre le pourquoi de ces choix, des items, des critères reviennent de façon récurrente et me conduisent à proposer une typologie de ces constitutions conjugales qui me permet de repérer une première compréhension du fonctionnement des couples.

Les réponses sont très diverses et m'amènent à plusieurs constats que je simplifie de la façon suivante :

Les couples se constituent :

– de façon complémentaire ;

– de façon symétrique ;

1. Vincent DE GAULEJAC, *L'Histoire en héritage*, éd. Desclée de Brouwer.

– de façon « réparatrice » ;
– de façon « provocatrice ».

Je développerai ces typologies à l'aide de situations d'histoires familiales en retraçant la rencontre et les principes qui ont fondé ces histoires.

Le couple complémentaire

Jean et Annie vivent ensemble depuis bientôt six années lorsque je les rencontre pour la première fois ; ils ont respectivement trente-deux et trente ans.

C'est Annie qui a pris contact avec moi : « J'ai rencontré un autre homme il y a plusieurs mois ; au début c'était une histoire que je croyais passagère, mais avec le temps je me rends compte que je ne peux plus mentir à mon mari. Je ne sais pas comment lui dire que je veux le quitter, pouvez-vous nous aider ? »

Jean a accepté ce rendez-vous, ils ont l'un et l'autre l'air embarrassé, gêné d'être là. L'entretien commence et je les invite rapidement à me parler d'eux-mêmes avant d'aborder l'objet de la demande d'Annie.

L'un et l'autre sont issus d'une famille qu'ils qualifient de « classique », parents mariés ; de chaque côté, leur mère était au foyer et « cela était bien agréable ». Les rôles des parents semblent avoir été définis de façon claire et dans un consensus.

« Ma mère a toujours trouvé normal de ne pas travailler, elle dit souvent : “Lorsque l’on fait des enfants, c’est pour les élever soi-même, pas pour les confier à d’autres”, mais elle m’a toujours encouragée à faire des études, à avoir un métier », dit Annie.

Jean et Annie se sont rencontrés chez des amis, en vacances, ils racontent chacun ce qui l’a attiré chez l’autre : « Elle était gaie, riait de tout, elle pétillait et j’ai su rapidement qu’avec elle je pouvais construire une famille, une vraie », explique Jean ; « Il avait l’air grave et tendre en même temps », ajoute Annie.

Leur mariage a été accepté par les deux familles ; c’est la croyance qui est à la base de cette union. Ils disent, d’une seule voix : « Notre engagement, nous n’avons pas un seul instant imaginé qu’il pourrait être remis en cause un jour ! »

Les deux premières années, Annie et Jean vont s’employer à construire ce qu’ils appellent leur « nid ».

Si leurs activités professionnelles sont importantes, elles passent après leur couple ; les soirées avec les amis, les vacances demeurent la priorité.

Leur enfant, ils l’ont désiré, attendu. Dès son arrivée, ils se sont réparti les rôles, partageant les tâches ménagères et leur présence de façon « équitable » : « Chacun d’entre nous avait une place, du temps pour lui seul, du temps pour notre famille ; pour nous il était essentiel que chacun ait sa place, sans empiéter sur celle de l'autre. »

Ils énumèrent l'un après l'autre ce que sont, pour eux, les fonctions paternelles et maternelles, la liste donnée révèle une complémentarité étonnante. Tout semble être défini de façon à ce que l'un n'ait pas plus de tâches ou de place que l'autre, et de façon très distincte dans la vie familiale.

Annie et Jean font partie de ces couples qui représentent, pour moi, les couples aux fonctions différenciées, sans conflit de pouvoir. C'est la règle de base qui fonde leur fonctionnement.

Chacun respecte les choix de l'autre, chacun a droit à son espace privé, chacun a sa place auprès de leur enfant.

Mais avec le temps, Annie dit que l'ennui a commencé à gagner leur vie : « Depuis la naissance de notre fille surtout, nous ne sortions plus beaucoup, nous échangions de moins en moins, la vie devenait terne peu à peu, comme une chandelle qui se consume, précise-t-elle. J'ai rencontré au travail d'autres amis, j'avais le sentiment qu'ils ne pouvaient pas intéresser Jean. »

Peu à peu, l'écart se creuse, l'un et l'autre tentent d'en parler, mais ils se sentent mal à l'aise. Dans les familles respectives, personne ne s'est jamais séparé, il n'y a pas de divorce.

Des crises chez leurs parents ? Ils l'imaginent mais n'ont pas le souvenir de conflits. « Ils se posaient moins de questions que nous ! » remarque Jean.

La loyauté aux valeurs familiales est intrinsèque à leurs propos, l'éventualité qu'ils puissent être la « première faille » dans la chaîne familiale est vécue, par les deux partenaires, comme une trahison, et la culpabilité teinte leurs propos.

Le « mythe » qui les a rapprochés est fondé sur le fait de reconnaître les différences et de les inscrire dans la complémentarité des fonctions conjugales, puis parentales.

Le fait d'imaginer, pour l'un des deux, que le contrat puisse être rompu, à ce stade de leur rencontre, n'est pas posé comme une certitude, mais plutôt comme le signe d'un mal-être réel.

Comment ont-ils laissé le quotidien les ronger, l'extérieur prendre de plus en plus de place ? C'est le travail de réflexion que je leur propose pour l'entretien suivant.

D'ores et déjà, je suis en présence d'un certain nombre d'éléments qui me permettent de poser, de façon très prudente, une hypothèse : la plupart des couples qui construisent leur conjugalité sur la complémentarité sociale vont reproduire cette règle sur la mise en place d'accords parentaux ; chacun a sa place et doit la maintenir, respecter celle de l'autre, et très souvent ces règles non explicites amènent le silence, la non-communication progressive. L'autre devrait savoir, mais savoir quoi au juste ?

Lorsque la crise arrive, la question de la séparation pointe souvent comme seule issue car le dialogue semblant ne pas être possible, de cette absence naît le sentiment de ne pas exister soi-même. Mais Annie et Jean n'en sont pas encore là.

Le couple symétrique

Marie et Xavier ont une grande différence d'âge. Pour l'un comme pour l'autre, leur histoire a démarré d'une passion, ils vivaient ensemble depuis quelques mois quand leur enfant s'est annoncé.

Xavier parle peu de son histoire. Pour Marie, au contraire, cela est important : « Mes parents se sont séparés lorsque j'étais enfant ; ils ont su rester de vrais parents : jamais de disputes, d'insultes, et toujours présents quand il le fallait. »

Lorsque je les questionne sur ce qu'ils attendaient de leur couple, les réponses se ressemblent : « Partager, échanger, faire ensemble » ; sur l'organisation de leur vie parentale c'est la même chose, aucune distinction de rôle, de fonction : « Un père et une mère, c'est pareil, ils doivent avoir la même place, nous avons été deux pour le faire, nous devons être deux pour l'élever ! » répète plusieurs fois Xavier.

Le socle de leur histoire repose sur le fait de la symétrie parfaite : pas de différence, pas de particularité à l'une ou l'autre de leurs fonctions.

Xavier est très blessé de ne pas être reconnu par la société, au travers d'une décision de justice, comme aussi compétent que la mère de son enfant.

De son côté, Marie explique qu'elle aussi pense qu'ils doivent avoir le même rôle et que si elle a sollicité l'intervention d'un juge c'est par peur que Xavier grignote une partie de sa propre place.

Les couples dont la règle est la symétrie parfaite vont revendiquer, dans le cadre de la gestion de leur séparation, en général, un partage du temps de vie passé en compagnie de l'enfant avec un principe d'équité qui sera « 50/50 » ; aucune différence ne doit être marquée, tout doit être identique.

Tout est calculé et partagé en deux ; envisager une autre répartition de leur présence et fonction auprès de l'enfant est impensable !

Le couple réparateur

Claude et Martine se sont rencontrés durant leurs études universitaires, ils faisaient partie du même groupe d'étudiants.

La famille de Martine est issue d'un milieu modeste, ses parents se sont séparés durant son adolescence.

« Je n'ai pratiquement plus eu de contacts avec mon père ; pour lui les femmes ne comptaient guère, tout juste bonnes à faire des enfants ! » m'indique Martine.

Pour Claude, la famille représente un groupe qui fonctionne de façon ni plus ni moins unie qu'un autre, il reconnaît avoir un sentiment fort d'appartenance à son groupe familial.

Leurs premières années de vie commune ont été absorbées par les études, les premiers enfants sont venus pour « souder leur alliance » : « Nous étions devenus une famille », dit Claude.

Les années passant, leurs divergences quant à l'éducation des enfants se font sentir et une véritable rivalité de leurs compétences « pédagogiques » prend le pas sur le quotidien. Tout devient rivalité, même les relations avec la famille élargie : « J'ai vraiment trouvé une famille, dit Martine ; d'ailleurs aujourd'hui encore j'ai d'excellents contacts avec ses sœurs, et bien meilleures que celles qu'il entretient lui-même ; alors pourquoi faudrait-il que je renonce à la famille que je me suis choisie ? »

Pour Claude, la relation parentale a envahi tout l'espace familial, plus de place pour être à deux, plus de temps pour se retrouver, les disputes de plus en plus fréquentes succèdent aux reproches et l'air devient irrespirable pour lui.

Pour Martine, les enfants passent naturellement avant tout, il faut être proche d'eux, les comprendre, les écouter, les accompagner, les soigner, les…

La liste pourrait être encore bien longue, et la question qui me vient est la suivante : quelle place pour les adultes, quelle place pour le couple en dehors des devoirs parentaux ?

Ce couple-là s'est constitué avec une volonté commune de « construire une famille », mais la représentation de la famille était-elle la même ?

Peut-on réparer ce qui a été source de blessure dans l'enfance, doit-on, adulte soi-même, s'engager à corps ou à « couple » perdu pour donner ce que l'on n'a pas reçu ?

Pour Martine, être mère est son objectif, au point de mettre entre parenthèses toute activité professionnelle, l'expression de tout besoin propre, n'exister qu'au travers des enfants, se refléter dans leur image. Être des parents, une famille unie, une vraie.

Si leurs attentes premières étaient identiques, le temps a fait émerger des incompréhensions, des projets de vie différents.

Aujourd'hui, ils sont dans mon bureau car ils vivent déjà séparément depuis plusieurs mois et ces quelques indices m'éclairent sur le fait qu'il va falloir du temps pour que les rôles parentaux soient reconnus mutuellement, acceptés.

Comment Martine pourra-t-elle concéder une partie de son territoire sans avoir le sentiment de perdre son identité de mère, de bonne mère ?

Le couple provocateur

Paolo est un jeune homme de vingt-trois ans, il vient d'une île ibérique. « Gitan par sa famille », précise Françoise, trente et un ans, issue d'une famille d'un milieu socioprofessionnel aisé.

Pourquoi ce choix ? Pour Françoise, les raisons sont claires : « Chez moi, on ne dit jamais les choses, on n'exprime rien ; bien sûr nous sommes une famille, mais pourquoi ? Moi, j'ai toujours rêvé d'une famille vraie, solidaire, dans laquelle on se sent solidaires, protégés les uns par les autres ; avec la famille de Paolo j'ai trouvé cela, des gens libres qui ne vivent pas dans des conventions stupides, qui ne s'embarrassent pas avec des principes. Leurs principes, c'est la tribu ! »

Leur rencontre se fait dans un contexte décrit par Françoise comme pratiquement idyllique : « Tous les soirs c'était la fête autour du feu, des chants, des danses sur la plage, je me sentais comme eux, j'étais de leur groupe ! »

Françoise évoque peu son enfance, elle évite le sujet, donne peu d'éléments : « Je ne me suis jamais entendue avec mon frère, il m'a toujours prise pour une nulle, mes parents c'est comme ça, ils n'aiment que ceux qui sont comme eux, ils sont froids. Depuis toujours, j'ai voulu partir, ne pas faire partie de cette famille. »

Paolo a accepté de venir : « C'est pour voir mon fils, répète-t-il, et pourquoi il faudrait que vous décidiez à ma place ? »

Paolo dit avoir du mal à s'exprimer, il est tendu, méfiant. Françoise explique la difficulté de Paolo à s'intégrer en France, son accoutumance à des substances : « Mais dis-le, tu as peur de finir comme ton oncle, comme ton cousin ; vous comprenez, ajoute-t-elle à mon intention, d'une voix calme, ici il n'y a pas de place pour ceux qui sont différents ! »

Après quelques semaines de leur relation, Françoise dit à Paolo son désir d'avoir un enfant ; il est jeune, inquiet de cette responsabilité, mais accepte de venir vivre en France avec elle.

À leur arrivée, Françoise dit que ses parents n'ont pas accepté cette relation. Peu de temps après, elle attend un enfant. Après des scènes de violence, des ruptures et des reprises de vie commune, Françoise réintègre le domicile de ses parents : « Cela ne pouvait plus durer ; avec un enfant il faut pouvoir s'en occuper, en être responsable, mais je veux qu'il connaisse la famille de son père, c'est très important ; d'ailleurs je l'ai emmené là-bas.

« Je sais que je peux compter sur eux, mais c'est Paolo le père de mon enfant, et je veux qu'il s'en occupe, je ne veux pas que mon père prenne sa place ! »

Pour Paolo, c'est une période de galère, d'errance en errance, il ne sait plus pourquoi être père : « Un père comme moi, c'est bien pour notre fils ? Je ne suis pas comme chez toi, comme tes parents veulent ! »

Françoise et Paolo forment un couple construit en réaction aux schémas familiaux, provocateur. Ce qui le fonde, c'est la réparation, le mythe de la *grande et bonne famille* qui peut tout réparer en dehors des normes reçues dans l'éducation de base.

Comment pourront-ils concevoir et mettre en pratique une parentalité adaptée à leur histoire, à leurs possibilités ?

Au-delà de ces quelques présentations, les comportements que j'ai pu rencontrer sont ceux des couples que j'appelle fusionnés, qui se construisent sans différenciation. Tout est vécu ensemble au même moment, et la séparation constitue un arrachement d'une partie d'eux-mêmes, qui rend particulièrement difficile le fait de pouvoir dépasser cette étape.

Une autre observation m'amène à définir les couples que je nomme « couples non sédimentés » ; il s'agit de ces couples qui ont peu de temps pour établir une relation conjugale et qui se trouvent propulsés dans une responsabilité parentale. Les discours et les adages populaires ont tendance à nous faire croire que nous rencontrons « l'autre » en relation avec nos manques, pour compléter nos failles et fabriquer au travers du couple un ensemble complet… Mais observons des enfants qui construisent, à l'aide de toutes sortes de jeux d'assemblage, des formes. Ces jeux ne finissent-ils pas, la plupart du temps, par être renversés d'un coup de main ? Ou encore lorsque la « perfection » semble atteinte, alors le jeu n'a plus d'intérêt, l'enfant défait ou met de côté cet objet qui souvent n'a de sens pour lui qu'au moment de sa construction.

Je ne suis pas sûre, aujourd'hui, que les couples se construisent sur la forme d'une addition mais plutôt sur la ressemblance d'une blessure identique, sur un manque vécu de part et d'autre, la plupart du temps très ancien, qui remonte parfois à plusieurs générations et que nous gardons en nous comme le gardien de la mémoire familiale.

L'évolution, la compréhension de cette blessure, ces changements sont le fait de « grandir » ; ils peuvent creuser l'écart, modifier les repères initiaux et demandent la possibilité d'ajustements pas toujours possibles et, en tout état de cause, douloureux, complexes.

Mais cela n'est fort heureusement pas vrai pour tous les couples !

L'illusion la plus novice est d'imaginer que la relation amoureuse qui guide la rencontre doive demeurer intacte et que les couples doivent continuer d'être synchrones, empêchant le changement, brimant pour chacun la possibilité de grandir, de développer son autonomie. L'acceptation du changement de la relation est parfois douloureuse mais elle permet de continuer le chemin à deux en se modifiant et en s'ouvrant sur d'autres règles, vers une autre définition de la relation.

Nous comprenons alors que nous ne sommes pas égaux face à la séparation et que sa gestion est en relation avec, d'une part, les valeurs qui ont fondé le couple, d'autre part nos propres expériences à la séparation et, bien entendu, celle de notre naissance, de l'investissement du désir ou du manque de désir de nos parents.

Chacun fait avec son histoire et c'est déjà une tâche bien importante qui va occuper toute notre vie !

Et si les chants et poésies, de tout temps, louent l'amour et ses bienfaits, pouvons-nous entendre l'importance de la relation à l'autre, car tout individu existe et se définit en regard de la relation à l'autre, aux autres ? Et c'est bien là un constat réconfortant ! Il est important de rappeler que chacun de ces changements, dans la vic d'un individu, va provoquer chez l'autre des pertes de repères qui se traduisent par des périodes de crise, d'ajustement.

Il est temps d'indiquer que la crise est normale, non pathogène, puisqu'elle est source d'interrogations, signe que le couple n'est pas un, mais qu'un et un font réellement deux, deux différences, deux individus, deux histoires de vie.

C'est pourquoi je vous propose, à présent, de parler de crises. Ne vous enfuyez pas ! Ne fermez pas les yeux et les oreilles !

Les crises du couple

Lorsque la crise est là, repérée, arrivant peu à peu en s'infiltrant dans le quotidien ou, tout au contraire, avec une soudaineté incroyable, que faut-il faire, que peut-on faire ?

Surmonter la crise, la nier ou l'affronter ? Le choix n'est pas aussi simple et les lieux d'accompagnement familiaux trop peu développés.

La crise, répétée ou non, lorsqu'elle semble sans issue, insurmontable, débouche sur l'idée, la décision de la séparation, car, parfois, il faut bien le dire, la seule possibilité est de mettre de l'espace entre les partenaires. Le nez trop collé sur le conflit empêche d'apercevoir l'issue possible en toute sérénité, en toute rationalité, et entretenir le conflit permet, bien souvent, d'entretenir les rancœurs qui annoncent des lendemains bien brumeux.

La vie en couple est semblable à un jardin : on peut y définir des allées, des bosquets, des taillis communs qui seront entretenus par l'un, l'autre, placés sous la responsabilité des deux, mais il est nécessaire de prévoir des allées secrètes où chacun peut aller à sa guise sans avoir à rendre de comptes à l'autre.

Il faut alors accepter le fait que l'on ne peut pas exercer de contrôle, quelle que soit sa forme, sur l'autre, ni avoir à tout partager, à tout livrer, à tout donner, les vrais jardiniers le savent bien !

Je vous ai proposé, précédemment, une lecture qui mettait en parallèle les étapes du développement psycho-affectif de l'enfant et la « croissance » du couple, et de la même façon, on peut remarquer que les crises se repèrent en fonction de ces mêmes périodes.

À en croire l'expérience de beaucoup, les crises semblent s'estomper avec le temps de vie du couple, mais pour autant… elles ne disparaissent pas ! Il n'est pas rare, même si cela n'est pas quotidien, de rencontrer dans mon bureau des couples qui ont un chemin de vie commune de plus de trente années et qui n'avaient pas pu, pas réussi à se dire, avant ce moment, leurs attentes, leurs manques ou qui ont attendu de « remplir » leur contrat lié à l'éducation des enfants avant de pouvoir dire leur désir de se séparer.

La crise est normale, elle est le moment d'affirmer des positions différentes, mais elle demeure aussi trop souvent le seul moyen d'exprimer ses besoins et cela sous forme de rancœurs, de blessures accumulées. Elle rend le dialogue difficile et constitue un mode de communication guère propice à l'acceptation de l'autre et à l'invitation à entrevoir le maintien de la relation, l'évolution pour atteindre un nouvel état du couple.

De par mon expérience, j'ai pu constater qu'environ 67 % des séparations surviennent dans les cinq premières années de vie commune, et bien souvent le dysfonctionnement de la communication est concomitant avec l'arrivée du premier enfant.

La crise de la troisième année

Une fois le couple installé, les premiers mois ou années vont être utilisés à la découverte de l'autre, à la mise en place d'un projet commun : le choix de l'appartement, les loisirs, le couple s'installe, est reconnu par le groupe familial, social. C'est le passage du « toi et moi » à « nous », le début de l'apprentissage de la grammaire conjugale !

Cette période qui se situe entre quelques mois et deux années va, souvent, précéder le projet de l'arrivée de l'enfant.

Un projet qui est rarement bilatéral ; souhaité par l'un, il lui faut du temps pour faire son chemin, pour partager et le faire devenir projet porté à deux, mais parfois il demeure le projet de la femme seule, consciemment ou, le plus souvent, inconsciemment. En effet, combien de fois ai-je entendu : « La grossesse est arrivée je ne sais comment, nous prenions toutes les précautions... » ou encore « La contraception ce n'est vraiment pas fiable, ma grossesse en témoigne ! » Cela est sans compter sur la force du désir inconscient, le corps fonctionne en écho avec la psyché et nul ne peut l'écarter.

Repartons avec Jean et Annie. Au cours de nos entretiens, je vais leur demander d'exprimer, chacun à leur tour, comment ils ont vécu l'arrivée de Carine, leur petite fille âgée de deux ans. Dans un premier temps, Annie exprime fortement le fait qu'il lui a alors semblé que Jean était moins attentif à elle : « Je devenais une mère à ses yeux, et je voulais rester sa femme. » Puis, à son tour, Jean s'exprime : « Au fur et à mesure de la grossesse, je me sentais de moins en moins bien et pourtant j'étais heureux. Annie, elle, semblait trouver tellement facilement les réponses à ce changement, elle était toujours gaie, moi je me demandais toujours comment cela allait se passer. J'ai voulu en parler avec mon frère, cela le faisait rire : "Ne sois pas bête, tous les hommes sont jaloux du bébé qui arrive et puis les femmes changent, c'est normal !" Normal ? Pour moi c'était la première fois, je n'étais pas jaloux mais perdu ! Comment j'allais savoir ce qui pouvait faire plaisir à Annie ? Comment j'allais apprendre à devenir un père ? Si seulement il y avait des cours pour les pères comme ceux qui préparent les femmes à l'accouchement [1] ! »

L'arrivée de Carine a, dans un premier temps, repoussé les interrogations au second plan. Chacun a recherché les nouvelles marques de cette nouvelle fonction, moins de sorties improvisées, moins de temps pour eux deux, le temps de Carine rythme le leur. Moins de choses à échanger, à partager, et peu à peu le sentiment de l'espace qui grandit, le vide va remplacer la

---

1. Il existe aujourd'hui, dans certaines maternités, des groupes de parole pour les pères.

complicité, l'envie de faire ensemble, pour faire chacun de son côté.

« C'est difficile de faire garder Carine, une baby-sitter coûte cher, alors nous la gardons à tour de rôle pour pouvoir continuer à sortir », explique Annie.

L'arrivée d'un enfant bouleverse les habitudes, les places, les fonctions. Aujourd'hui, le temps de transition entre l'« avant » et l'« après » est raccourci, rétréci. Il est vrai que les obstétriciens se félicitent du fait que le temps de séjour à la maternité soit de plus en plus court, mais qu'en est-il pour les mères ? Il y a encore quelques années, le séjour à la maternité était d'environ une semaine, l'après-coup de la naissance était accompagné par le personnel soignant, mais à présent comment est vécu ce moment du « baby blues » ? Bien sûr, la naissance n'est pas une maladie et ne nécessite pas, généralement, de soins au sens strict du terme. Pourtant, l'espace de transition de ce changement de statut est découvert à tâtons par chacun avec, la plupart du temps, un sentiment de solitude et en référence à ses propres parents. Ceux-ci d'ailleurs reviennent en force, car pour eux aussi c'est un nouveau statut, et les conseils « avertis » ne tarissent pas.

Nous verrons plus loin que la naissance des enfants n'est pas banale, elle interroge cette expérience propre à chacun, fait resurgir des souvenirs enfouis au plus profond de la mémoire.

Pour les couples, de toute évidence, il faudrait multiplier les lieux d'accompagnement, de soutien, de préparation à la parentalité. Pratiquement tous les couples à qui je pose la question de savoir s'ils ont pu retrouver leur intimité après la naissance de l'enfant répondent avoir éprouvé des difficultés, ne plus savoir entreprendre, et surtout ne pas pouvoir en parler avec quelqu'un ! Il n'est pas vraiment juste de dire que l'apprentissage de la « parentalité » se fait dans la solitude, c'est bien le moment où les mères, devenues grands-mères, veillent, la plupart du temps avec la volonté d'« aider », à transmettre leur propre expérience, et ne tarissent pas de conseils, de remontées de leurs propres souvenirs. L'arrivée de l'enfant peut permettre de renouer des relations tendues, mère et fille sont, à présent, dans un statut de parité[1] !

Doux temps pour les grands-mères, pour le plus grand nombre maternelles, qui reprennent une place de premier rang. C'est bien connu, il suffit d'avoir élevé ses enfants pour avoir le *droit* de conseiller les nouveaux parents : « De mon temps, on n'allaitait pas autant », ou encore : « Ne le couche pas sur le ventre, laisse-le pleurer, il se fait la voix, ce n'est pas le rôle d'un père que de donner le bain, de changer son bébé… », et bien d'autres discours ! Lequel d'entre nous ne les a jamais entendus, ne s'est jamais précipité au téléphone pour demander conseil ?

---

1. A. NAOURI, *Les Filles et leurs mères*, éd. O. Jacob.

Les premiers mois de vie de Carine restent, pour Jean, des souvenirs mêlés de bonheur mais aussi d'instants difficiles.

Annie allaitait le bébé et se rendormait avec Carine dans le lit conjugal. Jean s'est senti, sans oser le dire, intrus et chassé de son « domaine » !

Combien de couples disent ne pas pouvoir faire autrement que de garder l'enfant dans le lit conjugal pour pouvoir enfin dormir et ne pas avoir à se lever plusieurs fois par nuit ?

Mais à vouloir économiser sa nuit et son sommeil, le couple concède à l'enfant un territoire qui devrait lui rester étranger, qui n'a pas à être le sien, et peu à peu l'enfant devient celui qui fait la loi, celui qui interdit la relation entre ses parents.

Lorsque « l'enfant prétexte » gère l'espace de ses parents, il est bien évident que la frustration ainsi générée a pour conséquence une montée de l'agressivité dans le couple. L'enfant doit savoir que l'interdit existe et que ce domaine-là est celui de ses parents.

Fort heureusement, les pédiatres sont là pour guider le pas de trois qui s'esquisse, pour que la nouvelle danse trouve un rythme moins effréné.

À force d'espaces laissés vacants, le sentiment de ne plus exister dans la vie et dans le désir de l'autre, la culpabilité de ne plus comprendre l'autre font place au manque et c'est, le plus souvent, à l'extérieur que la confirmation de l'existence, d'homme, de femme désirés, désirables, se réalise.

L'arrivée de l'enfant, même si elle est très désirée, ne va pas de soi et il faut, pas à pas, trouver le juste tempo qui permette au duo de ne pas devenir un trio infernal. Si beaucoup de couples traversent cette crise, il faut bien dire que nombreux sont ceux qui continuent leur chemin, mais il faut reconnaître que c'est toujours dans le changement.

La crise de la septième année

Retrouvons, à présent, Claude et Martine[1]. Pour eux, l'arrivée de leur deuxième enfant n'est manifestement pas un désir partagé : « Nous commencions juste à sortir des couches, des biberons et la fin de nos études touchait enfin à son terme. Recommencer à ce moment-là, je n'en avais pas envie, mais Martine en a décidé autrement. Bien sûr, une fois que notre fils est arrivé, j'étais ravi », explique Claude.

Les premières années se sont passées autour des progrès de l'enfant, de ses acquisitions, de ses besoins ; le fait même de recommencer a éloigné Claude et Martine.

Leurs projets se construisent en parallèle : pour Martine, ils sont centrés autour de la maternité, de la « construction d'une vraie famille », pour Claude ce sont les projets professionnels qui vont prendre le pas.

---

1. Claude et Martine ont été présentés dans la section intitulée : « Le couple réparateur », p. 50.

Peu à peu, côte à côte, chacun fait avancer ses projets. À l'heure où je les rencontre, leur deuxième enfant est âgé de six ans, l'âge de l'école primaire. Pour Martine, le fait de penser à la reprise d'une vie active l'inquiète. Pour Claude, c'est l'heure de la promotion, des réunions de travail, des responsabilités professionnelles.

La volonté d'indépendance de Claude, qui trouve de moins en moins de partage avec sa conjointe, l'amène à trouver un équilibre à l'extérieur. Là, il est reconnu pour ses compétences, il est apprécié, il est détendu…

« Chez nous tout est sujet à discorde, je n'ai même pas mon mot à dire dans l'éducation des enfants, j'étouffe, je n'existe plus, partir est la seule solution, pour ne pas disparaître dans cette maison, pour avoir le droit de m'occuper de mes enfants sans contrôle ! »

Ils sont là, dans mon bureau, face à face, et continuent de parler de leur « histoire » comme s'il s'agissait de deux histoires différentes et pourtant il s'agit bien de la même, mais vécue de façon différente, car ils sont différents, et chacun exprime ici son vécu. Ce moment provoque souvent des réactions de l'autre conjoint, qui esquisse un mouvement de défense : « C'est faux, ce n'était pas comme cela, tu n'as jamais voulu m'écouter… »

Sans plus essayer de comprendre et d'entendre les blessures de chacun, sans pouvoir accepter que c'est par la recherche d'une indépendance que passe leur histoire, chacun à sa manière a cherché à être différent de l'autre en pensant que l'autre ne pouvait pas accepter, ne pouvait pas comprendre. D'ailleurs, de façon conjointe, ils disent l'un et l'autre : « Tout cela est ta faute, si tu m'avais un peu plus compris(e), écouté(e), regardé(e)... » Mais avant de regarder l'autre, peut-on d'abord se regarder soi-même ?

La volonté d'autonomie de Claude va s'affirmer dans le champ professionnel et progressivement marquer un chemin qui s'écarte, et lorsqu'ils se retrouvent, dans mon bureau, c'est déjà trop tard. Claude a rencontré une autre femme, une autre histoire commence, et ce retour « au début d'une relation naissante » est empreint de légèreté, de tendresse, de complicité, chasse la lourdeur du quotidien, la torpeur installée dans le foyer.

Pour Claude, ce qui prédomine est lié à l'indépendance. Le constat de leur séparation il le fait en expliquant l'espace devenu trop grand, la difficulté de partager, des intérêts trop différents.

Cette étape du besoin d'autonomie, de se différencier, tous les couples la connaissent, et il est fréquent de pouvoir la traverser, d'autant que les bases de la construction ont permis un espace d'autonomie pour chacun, et non pas tout faire pour l'autre, avec l'autre, au travers de l'autre.

Lisette et Hervé ont aujourd'hui trois enfants adolescents. Ils approchent l'un et l'autre de la cinquantaine, leurs trois enfants sont actuellement âgés de quinze, treize et dix ans. Ils ont fait le choix de ne pas se marier, « c'était un engagement pris au travers de la naissance des enfants », explique Hervé.

L'un et l'autre occupent des fonctions professionnelles : Lisette est aide-soignante dans un établissement proche de leur domicile et ne travaille pas le mercredi : « c'est pour les enfants », explique-t-elle d'entrée de jeu ; Hervé est commercial d'un service d'informatique.

Ils décrivent leur relation, jusque lors, comme satisfaisante, « ni très bonne, ni très mauvaise », indique Hervé.

Leur fille aînée présente des difficultés de comportement et scolaires qui ont pour conséquences de fréquentes disputes entre les parents. Devant moi se rejoue le scénario familier, chacun reprochant à l'autre de ne pas être suffisamment présent, attentif aux besoins des enfants, mais aussi ne sachant pas poser de limites à cette adolescente qui bouscule toute la famille sur son passage en recherchant des limites.

C'est Lisette qui, la première, a commencé à menacer de se séparer d'Hervé, lors de disputes qui sont devenues de plus en plus fréquentes : « Hervé n'a jamais su parler aux enfants, il réagit comme s'il était lui-même adolescent, c'est soit le jeu sans limites, soit les gifles et les cris qui pleuvent ; je n'en peux plus, et quitte à les élever seule, je préfère être vraiment seule ! »

Hervé a l'air perdu, il dit sa difficulté à s'y prendre avec les adolescents, il dit aussi son inquiétude de voir les années passer : « Je regarde derrière moi, le chemin parcouru est bien plus long que celui à venir, au boulot c'est pareil ! Je n'ai plus envie de cette ambiance à la maison, les enfants feront leur vie un jour, moi la mienne sera finie pendant ce temps-là. Je ne veux rien regretter. Je veux vivre, je ne ne veux plus ces cris, ces contraintes : rentrer tous les soirs, m'occuper des gosses, de leurs bêtises, des courses, de la maison ; je veux vivre, tu peux comprendre cela ? D'ailleurs, tu veux que je parte ? Pas de problème, autant que tu l'apprennes tout de suite, j'ai rencontré une femme ! »

Hervé regarde Lisette, il affirme avec tant de véhémence son constat de la situation familiale que j'ai le sentiment d'être face à un volcan qui a mis son activité en sourdine et qui, tout d'un coup, se réveille sans plus rien contrôler.

Lisette reste muette quelques instants, comme assommée par ce qu'elle vient d'entendre, se lève et claque la porte. Illustration de leur façon de communiquer ?

Lisette avait certainement capté de façon floue, indescriptible, cette nouvelle relation, l'imminence de ce départ. A-t-elle voulu le précéder, par défi ? Par peur ? Pour le conjurer ?

Les mots posés laissent des traces. Ses manques, ses attentes vis-à-vis d'Hervé, elle n'osait plus, depuis longtemps, les exprimer. Son statut : mère des enfants, mais au fond, elle voulait être la compagne, l'amante d'Hervé.

Tout est mêlé : le besoin des enfants qui mettent à l'épreuve la solidité des limites parentales et leur capacité à faire face à leur adolescente qui devient une intrusion dans leurs habitudes, dans le quotidien.

Lisette n'a pas dit sans colère son besoin de partager le quotidien, d'être soutenue dans sa fonction de mère. De même, Hervé n'a pas trouvé les mots pour dire sa difficulté à affronter cette turbulence profonde que représente l'adolescence des enfants, et qui, « comptant » les années, veut vivre autre chose, une autre vie, une nouvelle vie.

L'illusion aide à croire qu'en partant, en repartant, le compte à rebours peut effectuer une manœuvre inverse. L'adolescence des enfants renvoie aux parents, avec force, le temps qui passe en rappelant que les générations se succèdent.

Les poètes ont fait couler l'encre de leur plume à cette recherche du Graal, de la jeunesse perpétuelle et, malgré les implorations de Lamartine : « Ô temps suspends ton vol », le temps a continué sa lente et éternelle cadence sans que jamais personne n'ait pu l'arrêter ; et tel Sisyphe, on peut toujours vouloir arriver en haut de la montagne, on se retrouve à peu de chose près à la même place.

C'est également souvent à cette époque que les parents voient leurs parents arriver en fin de vie, leur léguant la tâche d'être, à leur tour, au premier plan de la vie et ravivant des angoisses de mort.

L'adolescence des enfants est une étape empreinte de pulsions de vie et de mort, la presque fin de l'enfance, sans que l'on soit encore entré dans la vie des adultes, et pour les parents se rejouent des peurs, des angoisses. Cette expression devenue presque familière : « Les hommes de cinquante ans pètent les plombs » m'attriste. Que de douleurs et de tristesse derrière ces séparations, cette non-possibilité de continuer un engagement pourtant pris avec une authentique conviction. Le retour en arrière n'est pas possible ; refaire autrement peut-être, mais il s'agit d'abord et avant tout de faire pour soi parce que, à cet instant précis, il ne peut pas y avoir de place pour autrui.

La perte de la communication conjugale, de l'expression du désir, est trop souvent mise entre parenthèses et fragilise la relation, favorise le besoin de chercher « ailleurs » pour continuer d'exister.

L'intensité et la soudaineté de ces crises sont souvent expliquées comme une question de survie.

Pour beaucoup, cette étape marque le temps des « retrouvailles » en tête à tête, les enfants partis pour leur propre vie. Jeanne et Guy trouvent la maison vide, tournent en rond… Voyager, partir tous les deux, pour quoi faire ?

« Nous n'avons pas l'habitude, mais surtout depuis que Guy ne travaille plus, ce n'est plus pareil, il est toujours là dans mes jambes ; je n'ai plus un moment à moi et je me rends compte que je ne suis pas habituée à être à deux tout le temps, du lever au coucher ! » explique Jeanne.

Guy me jette un regard furtif, mal à l'aise, et tente de justifier sa présence dans mon bureau : « Je suis là parce que Jeanne me l'a demandé, je ne suis pas sûr qu'il faille raconter notre histoire, comme cela, à quelqu'un, même si c'est votre métier ; d'ailleurs je n'ai rien contre vous, mais comprenez bien, cette demande de divorce de Jeanne, après toutes ces années… c'est tout de même fou ! »

Pour Guy, il n'est pas facile d'« étaler » leur histoire, il se sent menacé, acculé par ce qu'il appelle « le moment de folie de Jeanne ».

Ils ont bâti leur histoire autour de valeurs familiales, peu à peu, sans en parler, cela allait de soi !

Jeanne est restée à la maison, d'un commun accord, pour s'occuper des enfants, gérer le quotidien et trouver ses marques et ses repères dans cette vie au fil des jours et des années. Elle a quelques amies de longue date, des voisines avec lesquelles elle a suivi la progression des enfants : l'école, le collège, le lycée, les études supérieures, l'entrée dans la vie active, mais aussi les difficultés, les maladies, l'adolescence, les amours…, et les premiers petits-enfants.

De son côté, Guy explique un « parcours sans faute » : une progression dans l'entreprise, une famille prospère ; certes des difficultés mais sans plus…

Ils ont vécu toutes ces années côte à côte, avec le sentiment de partager, mais sans trop savoir qui devenait l'autre, installés dans des habitudes qui ont permis à chacun de trouver une place. Mais à présent, Guy a été promu au « grade » de préretraité, il se sent inutile, rejeté, et pourtant au plus haut de ses compétences.

« Depuis que tu ne travailles plus c'est comme si tu voulais refaire une entreprise ici, tu commandes, tu te mêles de tout, je ne respire plus, tu m'étouffes. À présent, je n'ai plus d'obligation envers les enfants, ni envers toi d'ailleurs. Je veux vivre, tu m'entends, pas rester enfermée à t'écouter te lamenter, je ne suis pas ta mère ! »

Les mots sont lâchés, les griefs enfermés depuis des années explosent, les non-dits sont jetés au visage de l'autre. Jeanne exprime clairement son refus de porter la dépression de Guy ; elle veut « vivre », dit-elle. De son côté, Guy ne comprend plus, ne sait plus.

Tout au long de ces années, ils ont toujours « fait ensemble », le vide laissé par la place des enfants, par la fin de l'activité professionnelle, marque pour Guy une situation de repères perdus, il ne sait plus où s'accrocher, où est sa place. De son côté, Jeanne n'entend pas voir bousculer ses propres repères, la peur du changement l'angoisse, le fait d'avoir concédé à Guy l'espace professionnel, plus gratifiant que ses tâches ménagères, fait rejaillir des frustrations enfouies comme des vieilles blessures que l'on ne veut plus regarder, car c'est trop tard…

Le contrat initial a été, apparemment, rempli et elle ne veut plus, ne peut plus prendre du temps pour trouver un nouveau rythme dans un espace qui commence à ne plus lui être familier.

La difficulté à se retrouver seul à seul, lorsque pendant de longues années chacun a vécu à côté de l'autre sans remettre en cause l'équilibre établi, est courante.

Pour l'un comme pour l'autre, il s'agit de construire autre chose, autrement, et l'angoisse de l'inconnu est sous-jacente.

Jeanne explique avoir enfin trouvé la force de dire ce dont elle a besoin, ne plus dépendre de Guy ; elle conclut ainsi : « J'ai largement payé le prix de ma liberté ! »

Il est vrai que cette crise, reflétant une situation latente au sein de laquelle le silence esquive la confrontation, débouche moins souvent sur la séparation. Mais ces menaces sont à prendre avec considération. Le chambardement qui suit la crise en devient d'autant plus complexe à gérer, d'autant que les frustrations ont été rejetées pendant si longtemps que l'implosion peut être bien plus dangereuse pour le couple qu'une explosion franche !

Ces quelques illustrations représentent les crises rencontrées et repérées comme les plus fréquentes au travers de mon activité. Elles ont toutes une grande intensité émotionnelle qui nécessite une écoute particulière, un accompagnement particulier.

Parmi ces couples, aucun n'avait consulté de conseillers conjugaux et familiaux ou thérapeutes de couples, ils se retrouvaient pour la première fois face à un professionnel extérieur pour les aider à gérer les conditions de leur séparation.

Il n'est pas dans mes fonctions de donner des conseils. Cependant, je voudrais partager mes observations : il est urgent de clarifier quelques principes de base pour mettre en place des règles de communication conjugale, que je pourrais résumer comme suit :

- ne jamais parler pour l'autre, à la place de l'autre ;
- exprimer clairement ses propres besoins, ses demandes, sans penser que l'autre pourrait comprendre, et devancer les demandes, car ce qui n'est pas énoncé

clairement ne peut pas se comprendre clairement ;

- ne pas interpréter les comportements de l'autre sans expliquer son propre ressenti ;
- ne pas projeter sur l'autre ses propres peurs, en apprenant à reconnaître ce qui nous appartient. Bien sûr, ce chemin de la découverte de soi est souvent effectué dans le cadre d'une thérapie et c'est alors un long chemin en solitude, c'est le Petit Prince perdu dans le désert, mais c'est une construction qui devient un cadeau pour soi en permettant de comprendre le sens de notre chemin, sans tout attendre de l'autre ;
- accepter de ne pas tout mettre en commun, d'avoir chacun un jardin secret ;
- ne pas imaginer avoir le pouvoir de faire changer l'autre, de le réparer ;
- et enfin, accepter que chacun est responsable, à sa place, pour sa part de la relation qui se construit.

Voilà quelques pistes, qui ne sont pas un postulat, mais le recueil des témoignages entendus. Chacun a besoin de faire sa propre expérience et de se heurter à ses limites pour changer, accepter. S'il est vrai que chacun se passerait bien de la souffrance pour avancer, c'est pourtant dans la frustration, dans les limites, que nous apprenons à affirmer notre personnalité en acceptant d'être moins dépendant de l'autre.

La décision de se séparer

Si le couple, aujourd'hui, se construit, nous l'avons vu, principalement sur une logique d'amour, de reconnaissance personnelle et non plus sur des intérêts familiaux, économiques, les frustrations entraînées par le manque de communication, le rythme de la vie actuelle, les rancœurs accumulées peuvent être sanctionnées par le passage à l'acte : la demande de séparation.

Bien entendu, chacun d'entre nous possède au moins une expérience de séparation : celle de la naissance, celle d'avec la mère, puis d'autres vont être vécues tout au long de la socialisation.

Chacun va engranger dans son inconscient ces expériences et construire ses propres défenses. Ce sont ces mécanismes qui vont se réactiver au moment de la séparation conjugale. Cela confirme le fait que l'on ne puisse pas établir de généralités, de règles, mais au contraire prendre du temps pour chaque histoire avec toute l'attention requise.

En France, les statistiques montrent que 87 % des demandes en divorce sont à l'initiative des femmes. Les sociologues mettent en corrélation l'autonomie économique des femmes, mais est-ce là la véritable raison ?

Il est vrai que l'accès à la vie professionnelle permet aux femmes d'envisager avec moins d'angoisse que la génération précédente la vie seule mais, pour autant, peut-on penser qu'il s'agisse d'une plus grande liberté que de demander aux femmes d'avoir à assumer quasiment seules l'éducation des enfants, d'avoir à les prendre en charge les trois quarts du temps ?

Chaque enfant a besoin d'un modèle masculin et d'un modèle féminin pour se construire, trouver ses repères, des limites, et il est impensable de demander à un seul des deux parents de cumuler les deux fonctions en même temps.

Ce discours, qui tend à limiter les fonctions d'une mère ou d'un père en les dénuant des fonctions d'homme et de femme, est invalidant, frustrant pour chacun et ne peut que conduire à des comportements de toute-puissance, de rancœurs à l'égard de celui ou de celle qui paraît avoir « regagné » sa liberté.

L'impact émotionnel, pour chacun des deux conjoints, est vécu de façon différente, nous l'avons déjà évoqué, en écho avec l'histoire personnelle. Ibrahim Azmy a répertorié dix étapes émotionnelles consécutives au divorce, à la séparation.

Bien entendu, ces phases ne se vivent pas de façon linéaire et il est important pour le médiateur de pouvoir repérer, tout au long du processus, où en est chacun dans l'élaboration de sa souffrance.

2

Les incidences émotionnelles de la séparation

Chaque individu vit de façon différente, personnelle, la séparation, les réactions s'échelonnent entre le moment où la « fissure » se précise, en passant par les menaces de mettre fin à la vie conjugale, jusqu'au moment où la décision est « mise en acte ».

De la déchirure à la cicatrisation, le temps est différent pour chacun et la trace, si elle ne disparaît pas, s'estompe et permet aussi des changements constructifs pour l'avenir.

Les étapes émotionnelles : du choc à l'acceptation

Ce classement des répercussions émotionnelles liées à la séparation est repris par beaucoup et dans tous les contextes liés à une rupture, un deuil. Un proverbe chinois dit qu'il faut quatre saisons avant que la vie revienne ! Mais il me semble que dans notre pays, ce serait plutôt deux à trois années, cette durée étant bien entendu différente d'un individu à l'autre.

Ces étapes sont repérées et classifiées par I. Azmy [1] et je vous propose de les parcourir au travers de l'histoire de Jean-Luc.

Jean-Luc a demandé à me rencontrer. Dans son esprit, je vais l'aider à faire revenir sa femme, il ne comprend plus, il ne comprend rien.

C'est au cours de séances de thérapie individuelle qu'il traversera toutes ces étapes. J'ai décidé de vous les présenter de façon linéaire, car ce sont les caractéristiques communes à toutes les situations, mais bien entendu elles peuvent être traversées de façons tout à fait différentes. Les uns en resteront à un stade plus longtemps, d'autres repasseront par une autre étape avant de revenir à une autre. Une fois de plus, nous voyons qu'en matière de relations humaines, rien n'est établi, tout est à construire.

La menace de la séparation

Face au désarroi de Jean-Luc, je tente de le guider pour faire émerger de sa mémoire les indices, prémices de cette décision prise par sa conjointe et vécue par lui comme soudaine, « un coup de folie ! », ajoute-t-il.

---

1. I. Azmy, « The Process of Divorce », *Conciliation Courts Review*, vol. 22, nº 1, juin 1984.

« Je ne comprends rien, nous avions tout pour réussir notre famille, je ne sais pas… »

Peu à peu, nous remontons ensemble leur histoire, le début du « moins bien qu'au début », Jean-Luc retrouve les premiers signes, plusieurs fois ces derniers mois elle lui a dit : « Je voudrais que cela change. Je n'en peux plus », ou encore : « Tu n'es jamais là, il n'y en a que pour ton boulot. » Jusqu'au jour où, pour la première fois, la menace arrive : « J'en ai vraiment assez de te répéter les mêmes choses, si cela continue… »

Dite presque sans bruit, cette phrase est à prendre au sérieux, elle constitue le « signal d'alarme » de la séparation, les premières menaces prononcées pour signifier l'insatisfaction de la relation conjugale.

Le grand dommage, c'est que répétée elle est banalisée alors qu'elle mérite d'être traitée avec la plus grande considération.

Contrairement au dicton populaire qui prétend que « les paroles s'envolent, les écrits restent », je pense que toute parole de cet ordre a pour effet d'émailler la relation et de mettre en place la première fissure au sein de l'histoire conjugale.

Pour Jean-Luc, cela n'était qu'un signe de colère comme un autre. Pour sa conjointe, c'était le début de la fin, ou tout du moins le signe de la nécessité de voir la situation changer réellement et rapidement.

Progressivement, la menace de la séparation est revenue sur la scène, mais Jean-Luc a le sentiment que la situation était plus sereine, chacun pouvait vivre de son côté, le silence avait pris le pas sur les disputes. En réalité, seuls des « Passe-moi le sel, je te prie » étaient échangés. Rien que du banal, sans saveur, sans véritable échange mais sur un fond de calme apparent, avec la contrainte, inconsciente, pour l'un et l'autre, de ne surtout rien bouger de peur que tout craque.

Silence qui témoigne de la crainte, comme face à un château de cartes qui peut s'écrouler par un souffle trop fort.

Quelques mois plus tard, la menace est mise en acte. Sa conjointe l'a quitté, sans aucune raison d'après lui, et selon elle parce qu'elle ne trouve plus de satisfaction et de plaisir dans une relation usée par un quotidien sans saveur.

La séparation illustre, pour celui ou celle qui en prend l'initiative, soit une décision qui s'est confirmée au fur et à mesure de la dégradation de la relation, soit une décision pulsionnelle mais qui vient toujours mettre en acte le sentiment d'insatisfaction, la frustration.

Cet acte est toujours le fruit d'un mûrissement progressif, souvent long, fait d'hésitations et de souffrances solitaires, à côté de celui ou de celle qui semble ne rien voir, ne rien entendre. Mais il ou elle, sont-ils vraiment sans voir et sans entendre la marque et le bruit d'une relation qui s'effiloche au fil des jours et des nuits ? le désir qui s'affadit, mis sur le compte de la fatigue ? les soupirs quotidiens, les dîners chez les amis repoussés ou auxquels on incite l'autre à se rendre seul(e), par fatigue apparente, et qui illustrent le fossé qui s'installe ?

Le déni

La réalité est difficile à admettre, et les émotions submergent les comportements. Jean-Luc se refuse à accepter la situation, sa conjointe a quitté le domicile après une dispute ni pire ni plus violente que les autres…

« Je sais que cela ne va pas durer, de toute façon elle reviendra, c'est sûr, d'ailleurs je n'en ai pas parlé à ma famille ! Elle ne peut pas me quitter, comment pourrait-elle faire ? » Il ajoute : « Elle ne pourra pas tenir longtemps, je la connais ! »

À cette étape, il semble évident, pour Jean-Luc, que la situation trouvera une issue favorable, une réconciliation, il ne peut pas imaginer que cette décision soit irréversible.

Toute tentative pour l'aider, l'inviter à regarder les choses en face est inadéquate. Cette période est d'autant plus difficile qu'à chacune de leurs rencontres, il tentera de minimiser les arguments de sa conjointe, essaiera toutes les tentatives pour banaliser, pour la faire revenir sur sa décision.

J'ai rencontré plusieurs hommes ou femmes dont le ou la partenaire avait mis fin à la relation qu'il ou elle continuait à taire auprès de l'entourage, voire des enfants, comme en témoigne cet enfant de quatre ans : « Papa est parti travailler loin, c'est pour ça que maman est triste, il va revenir bientôt ! »

Dans tout processus de deuil, cette phase est normale, la souffrance est si grande qu'elle anesthésie le réel, amène à un refus de la réalité, repousse à plus tard. Le moindre indice, le moindre geste du partenaire est interprété comme un désir de retour.

Cela est d'autant plus vrai que celui qui part, la plupart du temps, est aussi dans l'incertitude, partagé entre l'affirmation de la décision et son annulation. L'ambivalence accompagne cette étape, la douleur est trop grande, Jean-Luc la repousse de toutes ses forces…

Pourtant, il dit lui-même : « À la façon dont elle a détourné son regard, lorsque je lui ai demandé si tout était fini… dans ce silence, dans sa main qu'elle n'a pas voulu me tendre, dans son regard qui a fui le mien, j'ai su que c'était grave, cette fois-ci… Je ne voulais pas y croire, je l'aime assez pour nous deux… pourquoi n'est-elle pas restée ? Je suis d'accord pour qu'elle vive comme elle veut, mais pas ça, pas me quitter… »

Le choc

Tout à coup, c'est l'effondrement ! La réalité ne peut plus être niée. Jean-Luc en parle avec encore beaucoup d'émotion. Le jour où il a reçu la première lettre de l'avocat de sa femme a marqué un tournant capital : « Elle me quittait vraiment, pour la seconde fois en si peu de temps je me suis senti abandonné, lâché ! »

L'officialisation de la séparation par le biais de la réception de ce courrier, premier document officiel, intrusif par l'intervention d'un tiers extérieur dans leur vie privée, marque le rappel du fonctionnement social : pour divorcer, il faut s'en référer à la loi.

Jean-Luc, en recevant ce nouveau coup sur la tête, a été obligé de se confronter à la réalité. À son tour, il va devoir rechercher un avocat, celui auquel il va confier son histoire, lui demander de le défendre, de faire entendre la vérité, *sa* vérité…

La colère

Il ne faut pas penser à la colère comme l'expression d'un sentiment négatif. Au contraire, le fait, pour Jean-Luc, de pouvoir être en colère contre « cette femme qui m'a trahi » lui a permis d'intégrer la séparation. À ce stade il n'a plus le choix, pour se « défendre » l'expression de ses émotions va passer par la colère. Dans un ouvrage précédent[1], j'ai expliqué que l'expression de la colère vient illustrer une frustration qui entraîne un sentiment de peur, elle-même se traduisant par l'agressivité.

Il est à noter que la colère peut alors être dirigée vers une personne ciblée, mais d'une façon générale elle s'adresse à l'ensemble des femmes. Par exemple Jean-Luc ne va pas tourner sa colère vers la conjointe mais s'exprimera ainsi : « Elles sont toutes comme cela, je le sais bien ; quand on ne cède pas à leurs demandes, elles s'en vont ! »

Pour Jean-Luc, il est difficile, voire impossible de rejeter celle pour laquelle ses sentiments ne peuvent pas se taire, il va s'en prendre à toutes les femmes, pour ne pas s'en prendre à elle seule. Il imagine ne pas être le seul à se retrouver abandonné. Il a besoin de se déculpabiliser, de savoir que « ce n'est, après tout, que son problème, c'est facile de tout jeter »…

Cette colère constitue une reprise de la communication directe avec l'autre partenaire même si elle n'incarne pas le meilleur moyen de communiquer. Mais elle doit s'arrêter pour ouvrir l'espace des négociations.

Le marchandage

La séparation comporte une partie importante de comptes qui se soldent, moment difficile qui

1. J. Dahan, *La Médiation familiale*, éd. Bernet.

matérialise la séparation : il faut partager, partager et encore partager !

Partager le temps de vie avec les enfants, partager la maison, partager tous les biens, partager l'argent…

La colère, encore présente, sous-tend ce comportement, les comptes commencent à se régler, le contexte économique sert de support au contexte émotionnel, tout se chiffre, tout se paie, se fait payer. Les relations se construisent sur des échanges chargés de culpabilité.

Jean-Luc le dit de façon claire : « Elle veut partir, cela se paie ! » ou encore : « Si elle croit qu'elle va s'en tirer comme cela, la casse a un prix ! »

Les verbes « prendre » et « donner » se conjuguent à tous les temps sur le mode de la vengeance…

Pour ceux qui se trouvent dans la position de celui qui part, telle la conjointe de Jean-Luc, ils affirment souvent : « Je ne veux rien, je m'en fiche ! » Mais qu'en sera-t-il avec le temps qui passe ? Qu'en sera-t-il au moment où on se rendra compte qu'on s'est laissé flouer ? Le marchandage vient-il panser les blessures ? Permet-il que le respect s'instaure ?

La dépression

La séparation est un véritable marathon psychologique et des symptômes tels que la perte de sommeil, de l'appétit, du désir et du désir même de vivre sont fréquents. Les tensions émotionnelles liées à la séparation finissent par être relâchées, une période de dépression s'ensuit.

C'est l'état de relâchement, de pleurs, le sentiment de perte envahit la vie, et la recherche du pourquoi, du comment, du pourquoi nous ? va prendre tout l'espace. La tristesse caractérise cette étape, mais toute souffrance se vit dans la douleur, dans la confrontation à soi-même.

Tout devient difficile, Jean-Luc explique : « Je ne supporte plus de voir tous ces couples, je crois que je suis jaloux quand je les vois dans la rue, surtout quand je vois des familles qui rient, qui se promènent. »

Jean-Luc exprime clairement son envie de tout arrêter, il ne veut plus travailler : « Je voudrais seulement dormir ! »

L'isolement, le retrait

Cet état dépressif va précéder un désir d'isolement, de retrait, il est la suite, le prolongement de l'état dépressif. Le désir est mis entre parenthèses. Pour celui ou celle qui vit cette période de repli sur soi, le contact avec le monde social est coupé progressivement. Cela peut également être vécu comme douloureux, difficile par les proches qui ne savent plus quoi faire. Comment faire pour aider et faire que la dépression ne s'installe pas ?

On peut donner un autre sens à cette phase : cette position de retrait peut aussi être une position de protection, une étape pour se retrouver, se recentrer sur soi avant de pouvoir repartir.

J'ai en tête cette image des plongeurs, ou plus exactement de l'apprentissage de la plongée, où les moniteurs expliquent qu'il suffit, pour remonter à l'air libre, de se laisser descendre au fond de la piscine, toucher le fond pour frapper du pied et trouver l'impulsion nécessaire qui aidera à remonter.

Cette image illustre tout à fait cette étape d'isolement, mais il faut être vigilant et ne pas la laisser durer trop longtemps.

La difficulté rencontrée par Jean-Luc est de faire appel à ses amis. « Au début, ils étaient tous là, et puis il y a eu ceux qui étaient avec elle et ceux qui étaient avec moi ; au bout du compte, il ne reste pas grand monde. Je n'ose plus les appeler. J'ai le sentiment de gêner. »

Il est difficile de trouver la force de faire appel à l'extérieur en direction des amis. Bien souvent, le repli se fait vers les parents, un retour au creuset affectif pour être sécurisé est nécessaire et il n'y a pas à culpabiliser pour cela !

L'acceptation

« Avec le temps, va, tout s'en va... » chantait Léo Ferré. Il est vrai que, pour Jean-Luc comme pour beaucoup, le temps de l'acceptation intervient, peu à peu, semé d'indices tout d'abord minimes puis de plus en plus nombreux :

« Depuis quelque temps, je me rends compte que j'arrive à travailler sans y penser tout le temps, il m'arrive de ressentir du plaisir à revoir mes amis, je me sens mieux, comme en convalescence... », explique-t-il.

Cet état illustre que le deuil de la relation est élaboré, ou en cours d'élaboration, l'acceptation de cette situation se traduit par la possibilité de reprendre des activités tournées par l'extérieur.

Cela n'empêche pas d'avoir en souvenir la rupture, mais l'atténue. Pendant nos entretiens, Jean-Luc a pu, progressivement, repérer ce qui est de son fonctionnement, de son histoire, et différencier ce qui est de l'implication de sa conjointe. Il devient acteur de sa séparation, accepte l'idée qu'il n'est pas victime, que l'autre a pu, aussi, souffrir dans cette décision, qu'il n'a pas le pouvoir de la faire changer et qu'il doit avancer en prenant davantage en compte ses propres besoins.

Cette période est effectivement une « convalescence ». Jean-Luc reste encore fragile mais il se rend compte qu'il continue à vivre, avec les souvenirs, avec les autres, avec lui-même.

Leur divorce a été prononcé par le juge aux affaires familiales, Jean-Luc raconte combien il lui a été difficile de se rendre au tribunal, de voir sa femme entourée d'avocats, d'avoir à entendre, pire, à lire, les reproches qui lui ont été adressés et d'en retourner lui-même, comme si leur histoire n'avait été que douleur et souffrance...

Le fait que la loi ait prononcé cette séparation le rend amer : « Pourquoi un juge, pourquoi un tribunal, quel délit avons-nous commis, pourquoi jeter en pâture toute notre histoire ? »

À présent, Jean-Luc évoque son besoin de retrouver le calme, il ne se débat plus avec des pourquoi, il voudrait retrouver un dialogue différent, « juste pour notre fille ! ».

Pendant cette longue période Jean-Luc ne pouvait pas dissocier sa douleur de celle de sa fille, il savait bien qu'elle avait besoin d'autre chose, mais comment faire ?

Cette acceptation permet à chacun de construire de nouveaux repères et de reprendre sa place, une autre place dans la vie.

La reprise de la vie sociale

Dans un premier temps, le comportement de Jean-Luc est proche de celui qualifié de « boulimique », il consomme avec avidité tout élément permettant d'obtenir une satisfaction : il s'achète de nouveaux vêtements, sort beaucoup, se fait de nouveaux amis, rencontre plusieurs femmes pour des histoires sans lendemain.

« J'avais faim de tout, j'avais l'impression de me réveiller à la vie, je voulais tout, et puis cela m'a passé, mais tout de même j'ai pu me rendre compte que ma vie n'était pas finie. C'est comme un arbre que l'on a cru mort et qui se réveille au printemps, alors que rien ne le laissait croire ! »

Cette étape de narcissisation est particulièrement importante, elle permet d'affirmer la personnalité, de vérifier la reconnaissance de son identité, de vérifier que la vie continue, c'est le retour au désir dans tous les sens de ce terme.

En résumé, cette présentation, bien que très schématique, permet de repérer les différentes étapes émotionnelles liées à la séparation, au divorce. Elle décline les étapes de l'élaboration du processus de deuil. Dans cette période de fragilisation, l'accompagnement thérapeutique peut permettre de reconnaître cette progression vers le chemin du rétablissement et aider à sa compréhension. C'est bien pour cela que je crois que l'on ne « recommence » pas sa vie, tout simplement nous la continuons, on ne « tourne » pas la page de la même façon, on regarde le livre de sa vie avec un autre regard, avec ce qui constitue le chemin de chacun et tous les petits cailloux qui jalonnent ce sentier pour éviter de nous perdre dans les dédales de la souffrance !

Bien sûr, la question qui m'est souvent posée est : « Qu'en est-il de ceux qui occultent certaines de ces étapes, de ceux qui quittent la maison pour immédiatement reprendre la vie commune avec un autre, une autre ? »

La position de chacun est différente, celui ou celle qui verbalise la décision de la séparation a vécu, en silence, dans son « coin », toutes ces étapes et lorsque la rencontre avec un ou une autre est possible par le fait de la place laissée vacante à l'intérieur du couple, cette autre relation est vécue comme différente, en regard d'une évolution personnelle.

Je ne dirai pas la même chose de ceux ou celles qui partent ou qui sont quittés et qui, dans les semaines, les quelques mois qui suivent la rupture, s'installent avec bagages, voire enfants, dans une nouvelle relation. Occulter la souffrance, la reléguer au fin fond de soi parce que « cela ne sert à rien de rabâcher », a pour effet de faire prendre le risque de répéter et répéter inlassablement la similitude des fonctionnements jusqu'à s'arrêter et pouvoir comprendre, parfois après plusieurs ruptures, parfois jamais…

Même si cela est difficile, il y a un temps pour accepter sa souffrance et un temps pour s'ouvrir à l'extérieur. La difficulté réside dans le fait que nous sommes tous différents et qu'il n'y a pas de temps « type ». Cette traversée dépend de notre histoire singulière même si elle a en commun, avec d'autres, des vecteurs…

Si les situations de divorce ou de séparation sont de plus en plus nombreuses, pour autant il s'agit toujours d'une histoire privée, difficile à vivre et qui ne doit jamais être banalisée.

Elle est unique pour ceux qui la vivent, unique dans leurs souffrances, unique parce qu'elle est leur propre histoire et doit être prise en compte telle quelle par l'entourage, les professionnels que les couples sollicitent.

Souvent prise de façon unilatérale, la décision de se séparer met les conjoints dans une relation de déséquilibre et lorsque l'un des deux partenaires m'interroge sur le fait de comment partir en douceur, sans faire « trop » mal à l'autre, je n'ai pas de réponse. La séparation est toujours difficile, douloureuse, et nul ne peut porter la souffrance de l'autre. Il faut pouvoir accepter que cela appartienne uniquement à l'autre, nul n'a le pouvoir de prendre la souffrance d'autrui comme on porte un fardeau. Faire pour soi, avec soi, est déjà un travail suffisamment complexe sans avoir à faire pour l'autre. Il s'agit d'accepter l'idée de renoncer à une toute-puissance qui rend responsable de l'autre, accepter la responsabilité de l'autre dans la relation et accepter sa responsabilité, sa dignité.

Alors comment demander, au moment même où la souffrance est à son paroxysme, de s'ancrer dans la réalité, discernant les besoins de chacun, ceux des enfants, organiser l'espace familial qui se modifie dans cet espace de transition que constitue la séparation ?

Comment trouver le « juste » mode d'accompagnement lorsque la gestion des affects s'entremêle à la gestion économique ?

Juste accompagnement qui permet à la colère, au conflit de s'exprimer pour qu'enfin une pause soit instaurée et que la gestion du quotidien puisse se construire pas à pas, peu à peu.

Durant toute cette période de transition, les enfants sont aux premières loges, ils sont concernés, déstabilisés, perdus. Que peuvent-ils faire de tout leur chagrin ?

3

Les enfants et la séparation de leurs parents

Les hommes ont oublié cette vérité, dit le renard.
Mais tu ne dois pas l'oublier. Tu deviens responsable
pour toujours de ce que tu as apprivoisé.
Tu es responsable de ta rose...
A. de SAINT-EXUPÉRY, *Le Petit Prince*

Prendre en compte l'enfant dans le cadre de la séparation de ses parents, c'est aussi prendre en compte ses besoins, ses rythmes, ses rites, et pouvoir sortir du rythme trop généralisé d'un week-end sur deux pour définir un rythme qui lui soit personnalisé, adapté à son âge, à sa construction d'identité. Au temps compté de l'un ou l'autre parent doit se substituer la notion, essentielle, du respect des besoins de l'enfant.

Ces dernières années ont vu se multiplier les discours incitant à la prise en compte de la parole de l'enfant, le droit de dire, le droit d'exprimer, voire le droit d'exclure un de ses deux parents, faisant naître la complexité pour les professionnels qui les entendent, l'inquiétude des parents qui, parfois, finissent par ne plus savoir qui décide, qui d'eux a l'autorité. Très souvent, les conflits s'enflamment et, sur les braises encore actives de la séparation, des incendies ravageurs démarrent, ne laissant pas les braises se consumer avant de s'éteindre !

Nous devons être très vigilants quant à l'utilisation de la parole de l'enfant, elle doit être remise dans son contexte, en rapport avec les étapes de son développement. En rendant sa parole « officielle », on la fige dans une réalité ; le médiateur doit, aussi, parfois faire comprendre aux parents que, comme dans toutes les familles, l'enfant peut signifier par son comportement, à l'un ou l'autre de ses parents : « Toi, je te mets de côté, pour le moment… Je reviendrai, laisse-moi ta porte ouverte ! »

Lorsque j'ai reçu Julien, à la demande de ses deux parents qui suivaient eux-mêmes une médiation familiale, il était âgé de cinq ans et demi [1].

Rapidement, il m'explique comment il a vécu la séparation de ses parents et le long processus qui l'a suivie : « Depuis beaucoup de nuits, beaucoup de jours, ma maman n'habite plus dans notre maison… Moi, j'habite dans la maison avec mon grand frère, qui a seize ans, et mon papa…

1. L'histoire de Julien a été publiée dans un numéro de la revue *Dialogue*.

Quand maman est partie, cela faisait longtemps qu'elle se disputait avec papa, moi j'avais peur des fois, mais je croyais que c'était comme cela dans toutes les familles, pour toutes les grandes personnes. Je n'avais pas pensé qu'ils pourraient se quitter.

Un jour, maman a pris ses affaires dans sa valise, papa criait très fort : "Fous le camp !", elle m'a embrassé en me disant : "Ne t'inquiète pas."

J'ai beaucoup pleuré, je ne voulais pas en parler, sauf avec mon copain Martin, à l'école, ses parents à lui sont déjà divorcés.

Et puis, je suis resté avec papa ; le dimanche je vois maman, elle n'a pas encore de maison à elle, elle habite chez des amis.

Depuis, moi je cherche ce que j'ai fait comme bêtise, peut-être que si je n'avais pas fait de caprices, ou peut-être si je n'avais pas mis de peinture sur les murs de ma chambre… Ou peut-être…

Je ne veux pas qu'ils se quittent, je promets souvent à maman de devenir plus sage pour qu'elle revienne à la maison…

Mon frère Simon dit toujours : "T'occupe pas, c'est leurs affaires, pas les nôtres, et puis elle n'avait qu'à pas partir."

Papa s'occupe beaucoup de nous, je l'aime mais je les veux tous les deux.

Après, ils se sont encore souvent disputés, j'en ai eu assez de leurs bagarres ; papa criait au téléphone, maman disait : "Tu verras avec mon avocat !" Et moi, avec qui je vois ?

Je voudrais voir ma maman plus souvent, je pleure des fois dans mon lit, un autre jour maman m'a dit : "Julien, ton père et moi nous allons divorcer, mais voilà nous voulons t'avoir tous les deux, alors nous avons demandé au juge de décider pour nous."

Pour l'aider, le juge a demandé que l'on rencontre tous une dame, juste pour lui parler. Papa m'a dit pareil ! Je n'ai rien compris, mais j'ai compris qu'ils étaient encore fâchés.

J'ai vu la dame, j'ai dessiné, des grosses têtes de mort comme à la télé dans les dessins animés, et puis une grande maison avec dedans Simon, papa et maman.

Je lui ai dit que j'étais triste parce que papa et maman ne s'aimaient plus, que je voulais voir maman plus souvent.

Après je ne sais pas, mais mon frère Simon m'a dit un jour : "T'es nul, t'as même pas défendu papa ; moi j'ai écrit au juge pour lui dire que je ne voulais pas vivre avec elle !"

Papa était triste, il m'a dit qu'il m'aimait beaucoup, mais que lui et maman n'avaient pas réussi à se mettre d'accord et que le juge avait décidé que j'allais habiter avec maman.

Moi, je ne voulais pas faire de peine à papa, je n'ai rien dit à la dame, juste que maman me manquait…

C'est vraiment dur, comment faut-il faire avec les grands ? Ils disent toujours qu'ils m'aiment et ils se disputent toujours, même quand c'est le juge qui décide, et moi je ne sais plus. »

Les inquiétudes, les angoisses de Julien sont, aujourd'hui, celles de bien des enfants ; les enfants réagissent de façon différente à la séparation de leurs parents, en fonction de leur âge, de leur besoins, de l'étape de leur développement psycho-affectif.

Différentes questions se posent quant aux effets, qui peuvent être négatifs, de cet événement familial sur leur comportement.

L'observation des enfants dont j'accompagne les parents met en évidence le fait qu'ils réagissent la plupart du temps par la modification de leurs comportements, en développant des somatisations de tous ordres, en inventant toutes sortes de stratégies pour signifier leurs malaises.

Que d'efforts pour ces enfants qui doivent déployer toujours plus d'énergie, et parfois même développer des symptômes pour qu'enfin les adultes s'arrêtent sur leur souffrance, leur donnent les limites de leur espace, les repères salutaires qui vont leur permettre de découvrir leur territoire d'enfant, et progressivement avoir accès au monde de l'adolescence avant de découvrir, d'entrer dans celui des adultes, pour à leur tour être ceux qui seront capables de transmettre, d'initier…

Deux psychologues nord-américaines, Judith Wallerstein et Joan Kelly[1], démontrent dans une étude que ce n'est pas tant le divorce lui-même qui entraîne des difficultés chez les enfants, mais plutôt la façon dont il se déroule. Les auteurs ont identifié, pour chaque âge spécifique, des comportements spécifiques que j'ai articulés à ma propre pratique et mis en regard avec les étapes du développement psycho-affectif.

C'est bien parce que chaque âge est différent, correspond à une étape du développement, à des besoins différents qu'il est important que l'on s'arrête à chaque marche afin de gravir, ensemble, l'échelle de la vie.

De la naissance à l'adolescence : un chemin pour chaque enfant

J'ai indiqué dans le chapitre précédent que nous allions nous arrêter sur le développement des enfants afin de comprendre leurs réactions, de connaître leurs besoins lors de la séparation de leurs parents.

Quel que soit leur contexte familial, ils ont tous à vivre différentes étapes qui participent à la constitution de leur identité.

---

1. J. Wallerstein et J. Kelly, *Pour dépasser la crise du divorce*, éd. Privat, 1989.

La différence, pour les enfants concernés par le divorce ou la séparation de leurs parents, réside dans le fait que le climat familial va influer sur leurs réactions.

Dans un premier temps, je me propose de reprendre les étapes caractéristiques de cette construction et, bien avant, nous allons ensemble prendre le temps de refaire ce voyage incroyable et mystérieux de chacun d'entre nous, de notre préhistoire à notre entrée dans le monde préadulte.

En traçant succinctement le parcours de chaque petit d'homme, nous verrons que tous les chemins, de la naissance à la vic adulte, sont à la fois uniques et universels.

Il peut paraître étrange de venir parler de naissance dans un livre qui traite de séparation et de médiation. Divorcer, se séparer, n'est ni simple, ni banal, naître non plus !

Mais ce qui nous traverse de notre début de vie jusqu'à la fin, c'est ce fil de la parole, la parole en circulation, le fil à coudre l'histoire de chacun : paroles adressées, murmurées, criées ou paroles tues, empêchées ou non entendues..., qui tissent la trame de la préhistoire du bébé à naître.

Avant la naissance : la préhistoire du bébé

C'est avec une phrase qui berce les mots qu'il m'a semblé possible d'ouvrir les portes de la préhistoire des bébés. Ces mots sont ceux de Jean

Rouaud[1] : « Avec le sentiment qu'elles étaient une part de ma préhistoire, comme si la préoccupation de mon existence se formait là, dans cet entre-deux traversé par les missives, autant dire dans la sacoche du facteur, à charge pour lui de raccorder les deux moitiés pour n'en faire qu'une, car c'est de cet échange amoureux que je procédais… »

Avant d'être ce que nous sommes, nous avons été traversés par l'histoire précédente : celle de deux désirs, d'un homme et d'une femme dont la rencontre a créé ce projet d'enfant.

La naissance a lieu parce que s'ajoute le désir de vivre du bébé : « Il faut trois désirs pour faire un humain », disait Françoise Dolto !

La préhistoire, c'est non seulement l'histoire de ses deux parents, mais aussi l'histoire de ses grands-parents, oncles, tantes et cousins, de leur inscription dans la famille et de leur place à chacun, les uns par rapport aux autres.

Tout ce qui a été dit, parlé, non dit, les secrets, les intimités, dans l'« atome social » qu'est la famille, tout ce langage dans lequel le bébé a baigné, encore même dans le ventre de sa mère, devient la préhistoire de chaque enfant… et son histoire à venir sera teintée des couleurs de ses racines, de sa famille. Seule sa vie le lui apprendra et, tout au fond de lui, enfouis au plus profond de sa mémoire, les mots qui ont bercé son

---

1. J. ROUAUD, *Sur la scène comme au ciel*, éd. de Minuit.

« avant-venue » tinteront aux oreilles de son inconscient…

Naître et faire naître sa famille

Il y a ce bébé qui vient de naître, qui vient de se mettre à respirer autre chose que le liquide amniotique : tout un tas d'odeurs incroyables et inconnues, sauf une, peut-être… Quelque part cette odeur-là lui dit bien quelque chose et cette voix-là aussi, d'ailleurs !

Si nous nous donnions la peine et la capacité de pouvoir entendre et comprendre ce que nous dit l'cnfant, au travers de ses gestes, de ses pleurs, de ses mimiques, nous pourrions entendre des mots comme : « On m'y colle sur cette peau tout près d'où sort ce bruit que je connais. Ouf ! Ça va, on est en pays connu.

Moi je ne bouge plus, je reste là, j'espère qu'ils ne vont pas m'enlever, d'ailleurs je crois que je vais me rendormir assez vite.

Moi j'aimerais que l'on me parle et que l'on m'explique des choses, qu'on ne me laisse pas là tout seul au fond de ce puits. J'aimerais me retrouver dans cet endroit chaud et doux où j'étais tout à l'heure, dans cette odeur que je reconnais maintenant, contre cette peau, dans les bras qui m'enveloppent, près de cette voix qui me berce, me parle, me rassure. Mais que c'est bon d'être là, contre cette personne que je distingue bien maintenant et qui pourrait vraisemblablement s'appeler ma mère !

Quelque chose se passe – de la lumière –, je ferme les yeux pour ne pas être ébloui – et ce bruit ! tout ce monde parle en même temps – tiens, cela s'assombrit tout d'un coup au-dessus de ma tête, les voix se penchent : "Mais c'est le portrait de tante Mélanie. – Oh ! Mais comme il te ressemble. Il fait la moue déjà, comme son père. – Il a l'air de savoir ce qu'il veut. Oh ! Ça ne va pas être simple tous les jours, dis donc !" Ou bien : "Remarque s'il dort comme cela tout le temps, tu ne vas pas être embêtée", etc. »

Mais nous n'avons pas, et peut-être fort heureusement, la capacité de décoder ce langage. Pourtant, les parents sont bien ceux qui comprennent le mieux les attentes de leurs enfants. Car si être parents est le « métier » le plus difficile, faire ce que l'on peut, comme l'on peut, est déjà énorme ! Et laissons à ceux dont c'est le métier de nous aider à comprendre l'indicible.

Et cela dure un moment. Ces moments-là reviennent à intervalles réguliers quelques jours. Puis le calme se réinstalle.

Ainsi passe le ballet des fées, bonnes ou mauvaises, penchées sur les berceaux, à tisser de leurs paroles graves ou légères des avenirs roses, bleus ou noirs pour les petits d'hommes et leurs familles.

Les liens se tissent

Parce que oui, les mots prononcés, proférés à ce moment-là de la vie, adressés à la mère ou à son bébé, ont toute leur importance, tant par leur contenu que par la personne qui les prononce.

La mère perçoit ce qui se dit autour d'elle et de son bébé avec une acuité et une sensibilité « extralucides ».

Le bébé tant attendu, inconnu, imaginé, est là. Première rencontre…

Il s'agit de faire connaissance avec cette petite personne douée de tout. Il entend, reconnaît les voix, a ses préférences. Il voit, discerne, sent, renifle les odeurs, surtout celle de sa mère. Il aime être dans la continuité, ce « continuum d'être », ce connu de lui. Il a horreur de l'inconnu.

Et par-dessus tout, il aime qu'on lui parle, qu'on s'adresse à lui, qu'on lui parle de lui et de ce qu'il connaît, qu'on le tienne au courant.

Regardez comme il écoute, attentif, comme il regarde ! D'ailleurs, même quand il n'a pas l'air d'écouter, il entend et enregistre, et manifeste quand quelque chose dit à son intention l'a touché.

Tous les bébés du monde sont avides de communication. Ils sont dans une « avidité » de paroles, on pourrait dire. Ces paroles qui vont fabriquer une enveloppe, tisser un réseau de liens et d'échanges, indispensables à l'enfant pour s'ouvrir à la vie et grandir.

Il espère tout de ses parents, mission impossible !

Sa vie, sa survie dépendent d'eux maintenant. Il est dans une réceptivité complète, prêt à l'enrichissement des échanges.

En face, à côté, tout proches, les parents, dans leur nouvelle parentalité, ou leur deuxième, ou leur énième, mais toujours unique et surprenante expérience.

Rencontre étonnante avec cet inconnu. Moments d'étrangeté, d'étonnements, d'incertitudes.

Dans le charivari de la naissance, devenir mère n'est pas forcément d'une évidence immédiate.

Ces moments de bouleversements radicaux, de grande fragilité et de vulnérabilité, sont aussi des moments privilégiés de dévoilement, de « voile enlevé ». Voile soulevé sur l'histoire, les histoires d'enfance de cette mère ou de ce père, d'une histoire pas très ancienne peut-être, ou même très ancienne, très lointaine…

Secrets, douleurs ou joies vont surgir de leur mémoire d'enfance.

Si, dans ce temps de remue-ménage, une tierce personne peut être présente pour recueillir et entendre ce que cette mère a besoin de dire, les liens à venir entre le bébé et sa famille auront toutes les chances de s'établir le plus heureusement possible.

On peut ici ouvrir une parenthèse sur la manière de procéder dans les maternités pour accueillir un bébé et soutenir les parents quand un handicap est décelé à la naissance. Celui-ci doit être annoncé et expliqué aux parents : très peu de maternités ont mis en place un dispositif humain pour les aider à assumer. Sans soutien, ils se retrouvent face à une grande solitude qui les paralyse. Ils peuvent développer une culpabilité écrasante mêlée d'agressivité vis-à-vis de leur conjoint, pouvant aller jusqu'au rejet de leur enfant. Si alors personne n'est là pour les accompagner, ne les aide à mettre en mots leur angoisse, leur désespoir et leur attente, si aucune attention n'est portée sur leur histoire originelle, ils vont retourner leur souffrance l'un envers l'autre et régler leurs comptes intimes et inconscients sur leur vie de couple. Que de souffrance et de séparations douloureuses pourraient alors être évitées !

Quand l'arrivée du bébé se passe sans heurt particulier dans la famille, quand tout s'inscrit « normalement », la mère et l'enfant prendront le temps de s'apprivoiser l'un l'autre. Viendront les temps d'ajustage et d'accordage entre eux.

Tous les bébés sont différents dans leurs appétits sensoriels, dans leurs temps d'éveils et de vigilance, mais ce qu'ils apprennent extrêmement rapidement et intègrent très vite, c'est ce qui constitue les réactions, émotions, façons de vivre de leur plus proche adulte aimant, c'est-à-dire leur mère : ses sentiments, ses « états d'âme », sa peau, son odeur, sa voix, et par-dessus tout sa langue dans laquelle ils baignent et dont les mots sont collés à des sensations, émotions, synonymes de plaisirs ou déplaisirs. Toutes ces expériences vont alimenter leur contenu psychique et établir les liens à l'intérieur du collectif familial.

Histoires singulières, chemins universels

« Le métier de parent est un métier impossible », disait Freud, je suis bien d'accord avec lui, mais j'ajoute : et celui d'enfant donc, pas vraiment simple non plus !

Je ne vais pas ici retracer l'histoire du développement de l'enfant, il y a toutes sortes de livres très bien écrits sur ce thème, mais plutôt voir les mises en jeu dans l'équipe familiale : ce qui se demande de part et d'autre, ce qui se donne, ce qui se noue tout au long de cette histoire extraordinaire d'un petit enfant en train de se construire.

Chacun de nous a pu suivre, chez son propre enfant ou chez l'enfant des autres, de façon plus ou moins proche, cette construction lente du psychisme, impalpable et invisible à l'œil nu, contrairement au développement physique et moteur qui est, lui, immédiatement évaluable et visible.

Le petit enfant franchit pas à pas des paliers qui le mèneront jusqu'à sa vie d'adulte.

Tous les enfants traversent les mêmes étapes, mais à travers des chemins semblables, chacun se construit une individualité particulière.

Chaque enfant gravit les échelons vers la maturité à sa manière, son rythme propre, plus ou moins facilement.

Certains seront pressés et rapides, d'autres prendront leur temps, mais toutes les étapes sont à franchir et il y a des marches plus hautes que d'autres.

Du nourrisson à se tenir debout

Autour du bébé nourrisson s'organise sa vie : vie fusionnelle avec sa mère, corps à corps indispensable, au rythme des tétées – plaisirs – satisfactions – plénitude – soulagement –, et présence maternelle, l'absence, la faim, le déplaisir étant source d'angoisses insupportables. Ces moments-là ne pourront être que très brefs dans la vie du bébé.

À cette période de sa vie, être séparé de sa mère peut le mettre en grave danger pour sa santé psychique.

Le bébé intériorise son environnement dans un espace et un temps où il va pouvoir se construire.

Vie à deux, mais aussi et tout de suite vie à trois : mère-enfant-père. Le père, celui qui parle à sa femme avec cette voix grave, qui la regarde en l'aimant, sa femme et la mère de son enfant… Cette mère en train de s'occuper de son bébé, ce père qui rend cette mère soudain plus vivante et souriante.

Le père entre dans la vie de l'enfant à travers sa mère, la voix du père est primordiale pour instaurer la place de l'enfant dans une filiation.

Ce ballet d'amour que perçoit le bébé au-dessus de lui est très important. Sa mère lui parle de cet homme qui est son père, et elle répond en même temps à ce père. Celui-ci rend cette mère heureuse, et s'adresse à lui, bébé, en l'appelant. L'enfant se structure autour de ce triangle, les places de chacun sont bien répertoriées.

En émergeant doucement de l'état de fusion, l'enfant et sa mère vont se décentrer l'un et l'autre.

Le bébé va se tourner avec appétit vers le monde extérieur. Il ne fera plus un avec sa mère. Il va multiplier ses petites expériences pour appréhender le monde.

Vers huit-neuf mois, ce détachement peut s'accompagner d'un sentiment un peu dépressif, d'une phase d'observation vis-à-vis des personnes entourantes et d'une grande prudence quand un étranger se présente.

Le petit enfant a encore terriblement besoin du soutien de l'adulte à ce moment-là.

L'absence est moins vécue comme un danger irrémédiable, mais heureusement existe « ce petit objet », qu'il soit poupée de chiffon, couverture ou peluche. Objet de tous les réconforts dans les moments de solitude, d'insécurité, ou de besoin de récupération. L'odeur, la texture, les couleurs qui forment l'objet doivent rester les mêmes, il est imprudent de le laver et hors de question de le perdre ! Cet objet est serré ou jeté, sucé, malaxé. Il peut accompagner l'enfant assez tard, même après qu'il s'est mis à marcher. Un jour vient où il le quitte et affronte le monde sans l'intermédiaire de son bouclier.

Entre deux et trois ans

Arrive dans la vie de l'enfant une série d'événements tout à fait importants. Il se hisse sur ses pieds et se met en marche. Il découvre son autonomie et par ailleurs commence à entrer dans le langage et à acquérir le contrôle de la propreté : marcher, parler, devenir propre, voilà trois étapes majeures sur son chemin, de « l'allant-devenant » comme dit Françoise Dolto, du tout petit vers le jeune enfant.

Toutes ces acquisitions vont transformer les modes de communication de l'enfant avec les adultes. De ce tout petit bébé va surgir une personne qui se tiendra debout, se décollera de sa mère pour solliciter d'autres adultes. La notion de ce que l'on pourrait appeler l'altérité apparaît : l'autre en face ne pense pas comme lui ou ne veut pas les mêmes choses que lui au même moment.

Le processus d'individuation est en cours. Le besoin de s'affirmer en face des adultes est de plus en plus fort, une phase d'opposition et de différenciation commence, caractérisée par des « non » retentissants. L'enfant alors est dans une période intense d'explorations en tout genre, son plaisir est dans la recherche même de différentes activités : grimper, courir, empiler, construire, déconstruire, vérifier les expériences, raconter, etc.

Ce plaisir procure de l'énergie et avec elle l'enfant va à la rencontre du monde extérieur. Il se confronte à sa réalité avec tout son lot de frustrations, de limites et d'interdits posés par l'adulte.

Ces lois que l'on doit expliquer à l'enfant lui sont indispensables pour grandir et se structurer.

Dans le même temps, apparaît le début du langage avec la découverte des mots prenant une signification. C'est un atout de plus pour s'individualiser. Insensiblement, l'enfant va modifier son mode de communication, les mots vont remplacer le corps à corps. Il se met à distance, il faut bien se reculer pour voir la personne à qui l'on s'adresse !

Les mots sont comme des passerelles, de l'enfant à la mère, de la mère à l'enfant. Par exemple, au lieu d'aller chercher directement l'objet désiré et de le prendre, plus ou moins violemment d'ailleurs, l'enfant devient capable de le demander en le nommant.

Il pourra exprimer ses sentiments avec force et intensité, que ce soit dans la colère quand une frustation lui est insupportable, ou dans la joie quand il est dans le plaisir d'un jeu partagé avec sa mère, ou encore dans le plaisir d'une découverte.

Il peut tenir de vrais discours dans un « jargon » bien à lui et se servir du langage pour exercer une volonté toute nouvelle. Du bébé « passif » qu'il était, il entre dans une activité très volontaire, accompagnée de mots comme « veux…, veux pas… non… », etc. Il mettra là aussi beaucoup d'énergie pour se faire comprendre.

Une autre affaire importante sera la découverte de la propreté. La maturation neurologique est en place pour le contrôle des sphincters (muscles de l'anus). L'enfant sent qu'il se passe quelque chose dans son corps qui ne se passait pas auparavant : il lui est possible maintenant de retenir ou d'expulser selon son bon plaisir ! Car c'est un réel plaisir d'utiliser cette découverte.

De son côté, l'adulte voudrait lui apprendre à être propre. L'enfant, lui, aimerait décider de quand et où. De plus, il est à la fois inquiet et curieux de ce qui sort de lui, et qui disparaît. Là aussi, l'adulte ne doit pas être trop pressé de faire accéder l'enfant à une propreté parfaite, mais l'accompagner à son rythme sans en faire une affaire d'État. D'ailleurs, plus l'enfant jouera, grimpera, se dépensera dans toutes ses activités physiques, plus vite il se régulera lui-même et sortira de ses couches. Jusqu'au moment où il se montrera fier et joyeux d'être propre. Joie qui devra être partagée avec sa mère.

En résumé, ce petit enfant est en train de découvrir qu'il peut arriver à faire « tout seul » mais que certaines choses sont interdites parce qu'il est encore petit, et qu'en même temps il n'est pas « tout-puissant » justement : il ne peut pas disposer de sa mère comme il le voudrait, il ne peut pas disposer des objets comme il le voudrait non plus, il y a de la résistance dans l'air. Tout cela le met dans un état de frustration extrêmement difficile.

Il s'agit d'intégrer, d'apprendre les lois de la vie pour grandir. D'autant qu'il est pris dans une ambivalence très forte : désir de rester bébé dans un contact physique près de sa mère et désir de s'éloigner afin de partir à la conquête du monde.

Pour les parents, il s'agit d'expliquer à l'enfant autant de fois qu'il le faudra, à travers des expériences répétées, le pourquoi des interdits, en même temps de lui manifester leur compassion, leur compréhension face à sa difficulté de « petit » devant les limites imposées. Il faut l'aider à trouver un équilibre entre son besoin à se satisfaire dans ses activités et découvertes et sa capacité à en supporter les contraintes.

L'enfant a indiscutablement besoin de sentir chez ses parents une fermeté dans l'énoncé et le maintien des interdits. Non seulement il en a besoin, mais il est indispensable pour lui qu'après une colère face à un interdit, dirigée exclusivement vers ses parents, il puisse les retrouver « en entier », et dans l'amour, comme avant (la colère). Il s'agit d'accompagner l'enfant dans ses émotions, sans le retenir ni le rejeter, et de partager ses découvertes pour l'aider à renoncer à sa « toute-puissance » et à surmonter ses sentiments de frustration. Patience et attention sont des qualités indispensables pour les parents dans ces moments-là.

Entre trois et six ans

La période qui suivra sera un temps essentiel de transformations pour l'enfant. C'est encore une période de renoncement pour gravir les échelons et acquérir un statut de « grand ». Premiers pas à l'école. Vie sociale intense et vie affective en ébullition.

L'enfant va nouer des liens à l'extérieur de la famille, à l'école et dans ses différentes activités. Sa capacité à accéder à une pensée symbolique s'élargit chaque jour. Plus on lui parle, plus son langage s'enrichit. Il cherchera à ce moment-là à imiter les langages, les mimiques des adultes, et pourra même faire preuve d'un véritable humour. Ce qui prouve bien l'immense capacité de l'enfant à la représentation.

À peu près à cette même période, il va découvrir ce qui fait la différence sexuelle entre fille et garçon : le petit garçon a un pénis, la petite fille n'en a pas. « Comme c'est étrange ! Et si on me l'enlevait à moi aussi ? » se dit le petit garçon avec angoisse. « Et pourquoi je n'en ai pas ? Et pourquoi on me l'a enlevé ? » se dit la petite fille. Un sentiment de manque chez la petite fille apparaît, une angoisse de perte chez le petit garçon. Comme en même temps naissent les sentiments amoureux du petit garçon pour sa mère, vivant son père comme un rival, de la petite fille pour son père, vivant sa mère comme une intruse, cela va entraîner toute la famille dans la période houleuse dite du complexe d'Œdipe.

Ce complexe d'Œdipe est un véritable trépied relationnel sur lequel l'enfant va s'appuyer et consolider plus tard son identité de garçon ou de fille. Les parents ont un rôle déterminant pour aider l'enfant à sortir de cette période délicate. Ils doivent se montrer assez intelligents et proches de l'enfant pour l'aider à construire son identité de future femme ou de futur homme.

Le petit d'homme est en plein travail de recherche d'identité. Il est en train de découvrir son appartenance à un sexe donné. Aux parents d'être vigilants et de ne pas faire peser sur ses épaules leur propre névrose ou revendication qui pourrait se révéler désastreuse sur la structure psychique de leur enfant.

Dans l'énoncé de la loi, parce qu'il s'agit bien là de la loi de l'interdit de l'inceste, il se dit, pour la petite fille : « Mon père n'est pas tout à moi, il est le mari ou le compagnon de ma mère et je ne pourrai jamais être sa femme. » Pour le petit garçon : « Ma mère n'est pas toute à moi, elle est autre, femme de mon père, je ne pourrai jamais être un mari pour elle. »

Cette loi aide le petit enfant à se structurer et à se constituer comme homme ou femme. La transmission de cette loi n'est pas une brimade.

Cet interdit ouvre vers une promesse de vie, vers l'altérité. Elle lui évite la confusion entre l'amour conjugal et l'amour filial. On arrive vers la résolution de l'Œdipe quand l'enfant a intériorisé positivement les images parentales et peut s'identifier en confiance au parent de son sexe. Il accepte d'être différent tout en conservant l'amour de l'un et de l'autre.

Nous verrons plus loin, quand les conflits éclatent à cette période œdipienne, comment l'activté fantasmatique de l'enfant peut le déstabiliser profondément, si aucune parole n'est reprise sur la situation.

De sept à treize ans

La marche a été haute à franchir mais l'enfant a gravi un échelon. Il entame une période moins passionnelle, appelée « période de latence ». Renoncement à l'investissement affectif envers son père ou sa mère, transformation de cet investissement en identification au parent du même sexe, intériorisation des interdits parentaux. Ouverture vers sa vie relationnelle, sociale, importance du réseau des amitiés à l'extérieur, investissement dans les apprentisages intellectuels ou manuels, activités diverses, sportives ou artistiques, bref, l'enfant développe tout son potentiel de créativité. Sa capacité à symboliser se consolide. Il réfléchit, il élabore, il porte des jugements.

Période de calme affectif où l'enfant peut prendre de la distance par rapport à famille, investir dans d'autres lieux et d'autres adultes, sans pour autant manifester le reflet ou l'exclusion de son entourage proche.

Toutes ses entreprises se déroulent sur un mode moins passionnel. Avant tout, il se sert de toutes ses capacités intellectuelles.

Nous verrons plus loin comment la séparation parentale peut affecter l'enfant dans cette période très sociale.

L'adolescence

La traversée de l'adolescence est un passage difficile, chaotique, de remise en question de toute la personnalité. Sortie de l'enfance et passage au statut d'adulte. On peut dire que ce temps de l'adolescence réactive les sentiments éprouvés au cours de la période œdipienne. Une crise d'identité très profonde se met en place. C'est difficile et douloureux pour tout le monde, enfant comme parents.

Les transformations corporelles embarrassent l'adolescent. Ce corps qui change est difficile à investir, il se sent étranger à lui-même. Les émois sexuels le bouleversent dans un premier temps. Là aussi, l'enfant entre dans une période de recherche intense de son identité, de sa place, dans sa famille comme dans la société. Il flotte dans une insécurité permanente, entre le besoin de se détacher de ses parents, de s'affirmer, de s'opposer à eux, et l'angoisse de quitter ses repères d'enfant, sans être sûr de ce qu'il va trouver de l'autre côté. Il va lui falloir laisser, perdre, faire le « deuil » d'une situation pour advenir à sa personnalité d'adulte, dans sa différenciation sexuée.

Il faudra bien trouver une solution pour arriver à se construire un début d'identité. Alors, il construit ailleurs ! Il s'en va avec ses semblables établir un monde différent de son monde d'enfance, et différent des adultes aussi. Il appartient à un groupe social où il tisse ses propres liens et règles.

Autonomie et dépendance : le va-et-vient entre ces deux positions va provoquer une fragilité psychique le rendant souvent agressif.

Le rôle des parents est ici primordial. Il nécessite une grande disponibilité et une grande présence. Leur enfant a besoin, plus qu'à un autre moment, d'un étayage affectif solide.

Résonance de la séparation en fonction de l'âge de l'enfant

La résonance, dans la vie psychique de l'enfant, des états de crise et de rupture varie en fonction de son âge et l'ampleur du conflit, et de son expression à travers ses deux parents.

Pour le bébé de quelques heures ou de quelques mois

Dans ces périodes de crise, les parents vont mal, sont donc moins disponibles pour leur bébé. Souvent, la mère se replie sur son bébé, surtout si la relation avec le père ne s'est pas établie très vite à la naissance. Si l'angoisse dépressive de la mère est trop importante, elle « perfuse littéralement le bébé », elle ne peut ni élucider ni maîtriser ses états d'âme. Le bébé est hypersensible au psychisme et aux changements de ses parents. Quand l'un des garants de sa vie sur terre, de sa sécurité, de sa cohésion disparaît, alors cela peut se transformer en véritable chaos insensé pour le bébé, si aucune parole ne lui est dite.

Comme ce petit garçon inconsolable de trois, quatre mois, rencontré lors d'une consultation : il ne pouvait s'arrêter de pleurer, quand sa mère le laissait à garder. Il montrait un réel chagrin. Sa jeune mère venait parler du départ de son mari. Elle en éprouvait une angoisse de séparation telle que son bébé avait pris à son compte l'angoisse maternelle, et la manifestait à chaque séparation.

Ce « raccrochage » de la mère vers le bébé, du bébé vers la mère, va entraîner une confusion des sentiments et risque d'amener l'enfant à garder dans sa structure psychique, plus tard, une angoisse sans mesure avec la situation de séparation à vivre.

Ayant élucidé ses propres angoisses, la mère a pu expliquer la situation à son bébé. Alors, les moments de séparation obligatoires se passaient plus calmement. Des exemples identiques existent partout…

D'autres fois, le bébé va exprimer son angoisse de différentes façons avec son corps, dans des comportements comme ne plus vouloir s'endormir, ou ne plus manger, ou pleurer anormalement, ou dans des manifestations somatiques plus ou moins importantes. Il peut aussi montrer des signes de dépression dans une réelle angoisse d'abandon.

Je recevais en consultation un petit garçon de cinq mois environ qui avait été séparé de sa mère pendant une quinzaine de jours. Personne ne lui avait parlé de ce qui allait se passer : sa mère devait le laisser pour aller travailler, il allait séjourner chez une tante, on viendrait le rechercher dans quelques jours. Aucun mot d'explication sur les changements de situation et surtout sur l'absence. La maman retrouva son petit garçon indifférent, comme « absent », ne babillant plus, ne s'exprimant plus, mangeant mal et sans appétit apparent. Par ailleurs, développant toute une somatique ORL d'otites, rhino-pharyngites, etc. L'enfant était comme « tombé dans un trou ». Il avait réagi comme il pouvait à la séparation brutale, à l'absence longue, non explicitée. Il fallut un long travail avec la mère et le bébé pour ramener à la « vie » ce petit garçon qui s'était laissé tomber dans un vide d'existence, dans une véritable dépression puisqu'il avait été laissé sans paroles pour donner sens à l'absence.

Le bébé est dans l'incapacité de supporter l'inconnu, d'expérimenter une absence trop longue de sa mère. Les parents doivent se montrer très vigilants et prendre très au sérieux leur place différente de père et mère aux côtés de leur bébé. S'il ne peut pas voir son père de façon régulière, la mère doit pouvoir lui parler de lui, l'évoquer en mettant de côté ses propres ressentiments.

Il est préférable, dans les cas de rupture à ce moment-là de la vie, d'organiser ses rythmes très doucement, c'est-à-dire de respecter ses possibilités d'intégrer les changements de rythme et de le garder dans un lieu connu de lui : par exemple les temps de visite ou de rencontre chez le père à des horaires réguliers et dans des lieux identiques.

Il est donc essentiel d'accompagner le bébé dans ces changements par des mots lui expliquant ce qui se passe pour lui, afin qu'il récupère sa cohésion et sa confiance envers ses parents.

Pour l'enfant entre deux et trois ans

Période délicate pour l'enfant quand un changement survient dans sa vie à ce moment-là. Il vit lui-même de grandes transformations : la marche, la propreté, l'entrée dans le langage. Il voudrait tout maîtriser mais ne maîtrise rien du tout. Et, bien sûr, il ne peut pas comprendre ni intégrer une situation de séparation concernant les deux personnes qu'il aime le plus au monde ; il vit l'absence à l'état brut dans la disparition de l'un des deux. De fait, il est immédiatement en insécurité. Il va exprimer son angoisse à travers ce qui parle le plus en lui, c'est-à-dire son corps : des manifestations de colère très fortes, des pleurs inconsolables et incompréhensibles, des réactions somatiques, des « maladies » qui surgissent…

On peut voir chez certains enfants un véritable arrêt dans leur développement, que ce soit dans leurs acquisitions motrices ou de langage. Ils peuvent même régresser à un état de bébé, seule solution trouvée pour manifester le désaccord, l'angoisse, et attirer l'attention des parents sur eux. S'ils ont acquis la propreté, ils se remettent à vouloir des couches et à ne plus vouloir aller sur le pot.

Je citerai en exemple cette petite fille de trois ans dont la mère était partie en la laissant à son père, sans un mot d'explication : très vite, elle s'arrêta de parler, refusa de s'alimenter et mit son développement psychomoteur en veille. Elle n'explorait plus, ne jouait plus. Quand la mère la retrouva deux mois plus tard, une thérapie fut entreprise avec la petite fille d'un côté, et avec la mère de l'autre, pour arriver à démêler les sentiments maternels qui l'avaient poussée à agir ainsi. Quant à la petite fille, il fallut de nombreux mois pour la sortir de son désespoir.

Là aussi, seule la parole de l'adulte peut donner du sens à l'enfant sur ce qui se passe dans son corps, dans ses réactions souvent violentes, et sur ce qui se passe dans sa vie de petit, pris dans une problématique douloureuse d'adulte. Lui parler le rassure, l'aide à appréhender la situation. Par contre, si les parents demeurent dans le non-dit, dans le silence, ils laissent l'enfant dans l'insécurité la plus totale. Il ne pourra que subir cette situation angoissante.

Pour l'enfant entre trois et six ans

L'enfant est de plus en plus autonome. Il se construit doucement. Il vit avec les deux personnes qu'il aime le plus au monde. Tout à coup, on l'informe qu'il n'aura plus ces deux êtres ensemble auprès de lui. Un remue-ménage psychique intense va se mettre en marche.

Il sent que quelque chose de grave est en train de se passer sans en apercevoir le contenu. Alors, il s'accroche d'abord à des repères visibles de lui : c'est-à-dire dans ce qui correspond à sa vie quotidienne. Par exemple : « Est-ce que je vais continuer à aller à l'école ? Est-ce que je verrai toujours les copains ? » Ces questions concerneront d'abord une situation (« Je continuerai à faire ça ? »), un objet (« Je pourrai le garder, l'emporter ? »), ou une personne, en dehors de la famille (« Est-ce que je continuerai à la voir ? »), investis plus particulièrement. Il a du mal à faire le tri dans les sentiments contradictoires qui l'envahissent, se sentant totalement impuissant devant une situation qu'il ne maîtrise pas. La souffrance qu'il sent autour de lui lui est insupportable. D'autant plus que quelque part, tout au fond de lui, il se sent responsable de cette catastrophe. Plutôt coupable d'ailleurs, avec ce sentiment très diffus d'avoir mal agi et d'avoir provoqué quelque chose d'irrémédiable : la séparation de ces deux êtres chers. Ajouté à cette culpabilité paralysante, l'enfant ressent un sentiment de perte si profond qu'il plonge dans un véritable état de deuil.

Pour en revenir à la période compliquée de l'Œdipe, si l'enfant est le témoin auditif ou visuel du conflit parental, il va se trouver face à une problématique très angoissante : dans son activité fantasmatique, son souhait est que le parent rival disparaisse. Or, les disputes entendues viennent confirmer son désir. Il se sent responsable du conflit. La culpabilité l'envahit complètement d'avoir eu un tel désir qui puisse se réaliser.

Ces conflits sont générateurs d'angoisse. L'enfant se retrouve dans une solitude terrible, sidéré, impuissant à dire quoi que ce soit ou à poser des questions. Il ne peut s'exprimer.

Il trouvera ses défenses dans la fuite, la distraction, le sommeil, dans des situations de repli ou de mutisme. Ou, à l'inverse, dans une agressivité incompréhensible pour l'entourage.

La répétition de ces graves conflits aura des effets traumatiques. Les traumatismes s'inscrivent en lui, il les enfouit tels quels, comme des petits explosifs qui resurgiront avec toute leur charge émotionnelle douloureuse dans d'autres situations conflictuelles.

En attendant, il se tait et se contient.

Dans ce contexte, les parents doivent parler à leur enfant, lui dire que leurs disputes ne le concernent pas, qu'il n'en est pas le sujet. Ils peuvent s'excuser de la violence perçue dans le sens : « Excuse-nous, on a été un peu trop loin. » L'enfant se sentira alors soulagé et retrouvera sa sécurité.

Non seulement il sait gré à ses parents de lui dire la vérité mais il sait aussi très bien capter le degré de gravité de la situation et s'il y a de la haine ou non. Il sera rassuré dans son identité et dans sa non-culpabilité : ce ne sont pas ses sentiments qui ont mis en péril la famille.

Par ailleurs, sans pouvoir maîtriser la situation, les enfants ne sont pas pour autant passifs. Ils vont « s'occuper » de leurs parents, chacun à leur manière, dans des registres très différents : certains passeront leur temps à faire rire le parent le plus en difficulté pour le distraire, d'autres s'agiteront sans arrêt pour capter l'attention et faire sortir le parent de la dépression.

Il est important, je l'ai déjà dit, de continuer lors de la séparation de rassurer l'enfant en lui reformulant qu'il n'est pour rien dans le désamour de ses parents, qu'il ne sera jamais abandonné, et que l'on est très heureux qu'il soit là.

La vie est à organiser au mieux avec lui sans qu'il perde l'amour de l'un ou de l'autre. Les parents sont là pour assurer leur rôle de protecteurs.

L'enfant de sept à treize ans

Il y a une ou deux générations, on disait : « Sept ans, c'est le début de l'âge de raison. » Qu'est-ce à dire, la raison ? Le raisonnable ? Est-ce là une aptitude à une compréhension plus intellectuelle ? De fait, l'enfant est en pleine période de nourriture intellectuelle. Il apprend. Il nourrit sa pensée dans les apprentissages. Toutes ces découvertes lui procurent la capacité à raisonner, à mettre en mots, à prendre de la distance.

Il accueille l'annonce de la séparation avec plus de philosophie que lorsqu'il était petit, mais sans pour autant ressentir moins de souffrance.

Il a acquis le sens de l'altérité : « L'autre est différent de moi, je peux aussi lui faire du mal ou du bien. » Il met en place un système de moralité qui lui sert à juger ce qui est bien, ce qui est mal.

Il aura besoin, dans un premier temps, de prendre position pour l'un ou l'autre parent.

Certains se montreront protecteurs, au sens « maternant » du mot : ils prendront tout en charge. Ils savent où se situe la souffrance parentale et mettront tout en œuvre pour l'éviter : ne jamais poser de questions embarrassantes, entourer d'affection le parent « abandonné », ne pas poser de problèmes, pas de pleurs ni de colères, ne jamais faire état de sa propre souffrance, être parfait à l'école, offrir une gentillesse à toute épreuve. On peut parler là d'enfants thérapeutes de leurs parents.

Cette quête de perfection est aussi une quête d'amour : « Je vais être très sage pour ne pas perdre l'amour de mes parents. » Souvent, on entend dire de ces enfants : « Comme ils sont responsables, ils n'ont pas l'air de souffrir ! »

Les parents devraient être vigilants face à ces enfants adultes avant l'âge qui ne s'autorisent pas d'enfance. Toutes ces souffrances contenues et mises de côté peuvent exploser plus tard sur un mode corporel, à travers des maladies somatiques, ou plus gravement sur un mode de décompensation : anorexie, dépression, troubles de la personnalité.

D'autres prendront parti et soutiendront le parent dit « abandonné ». Ils pourront aller jusqu'à l'exclusion de l'autre parent. Surtout si le parent délaissé accentue sa position de victime en accusant l'absent d'une faute irréparable. L'enfant est alors pris dans un conflit de loyauté. Qui va-t-il défendre ? Ensuite, qui peut-il aimer ? « Comment peut-on garder sa confiance à quelqu'un qui est parti et qui, de ce fait, ne m'aime sûrement plus ? » se demande-t-il. « Parce que si cette personne que l'on nomme mon père se conduit de façon si ignoble et fait souffrir ma mère, je ne peux donc plus l'aimer et en tout cas ne rien montrer d'une quelconque joie ou envie de le voir ! Quant à dire qu'il me manque, n'en parlons même pas !... » Ce monologue montre bien les difficultés relationnelles dans lesquelles est pris l'enfant. Il se bride lui-même, retient ses désirs, n'exprime aucun manque. L'ambivalence de ses sentiments lui est insupportable : on ne peut pas aimer à la fois deux personnes qui se détestent autant.

Il est donc urgent que les parents cessent de faire pression sur leurs enfants, de les prendre dans les toiles d'araignée de leur revendication affective et dans leur frustration. Cela n'est bon pour personne. Les enfants font les frais des névroses parentales, et cela pour longtemps.

À cette période, le manque du père occupe une place importante. Qu'ils soient filles ou garçons. Le petit garçon a besoin de s'identifier à l'image masculine paternelle pour grandir et se structurer. La petite fille a besoin du regard valorisant du père sur sa mère et sur elle.

Tous les enfants, à tous les âges, ont besoin de la vérité, même douloureusement dite. Sur cette vérité, ils s'appuieront pour aller dans leur vie et continuer à avancer. Ils en ont d'autant plus besoin à cette période de leur vie que la raison et le cœur s'entrechoquent.

D'autre part, ils ont leur vie scolaire et leurs activités entre copains sur lesquelles ils se reposent et s'appuient. Ils s'aèrent et prennent de la distance par rapport aux lourdeurs familiales. L'école est le lieu des symptômes : c'est-à-dire soit ils investissent massivement le scolaire et les activités autres, et tout va bien. On dit alors d'eux qu'ils montrent une formidable faculté d'adaptation.

Peut-être faudrait-il dans les cas où tout semble aller si bien être assez vigilant pour aider l'enfant à sortir de son mutisme et l'inciter à exprimer ses désaccords et ses angoisses.

Mais on constate également des comportements opposés. L'enfant est indisponible aux apprentissages. Il est trop envahi par les problèmes parentaux et se met en échec. Dans le quotidien, ces enfants ont des comportements agités, tyranniques, agressifs. Comportements qui ne sont rien d'autre que des appels à l'aide.

La parole de l'adulte permettra aux enfants de retrouver confiance en eux et en leurs parents.

Winnicott (psychanalyste d'enfants d'origine anglaise) disait : « Au fond, le rôle que nous avons auprès des enfants que nous soignons, c'est qu'ils retrouvent le sentiment que la vie vaut la peine d'être vécue. »

Il y a quelques années, arrive en consultation un adolescent de treize ans, dans un état de détresse proche de la dépression. À la séparation de ses parents, lorsqu'il avait sept ans, sa mère, auprès de laquelle il était resté, n'avait eu de cesse non seulement de démolir l'image paternelle dans une attitude de victime expiatoire, mais aussi de prendre sa place au sein de la famille du père, aidée en cela par la famille elle-même qui participait à l'annulation de ce père auprès de l'enfant.

Celui-ci avait pris fait et cause pour sa mère. Cette dernière n'avait jamais refait sa vie, jamais introduit d'autres hommes dans le foyer. Elle s'interdisait toute vie propre. Elle était toujours collée à son enfant, dans une confusion de sentiments. L'absence du père était vécue comme un abandon, la manifestation d'un non-amour. L'enfant s'était aligné sur les sentiments maternels de rejet de cet homme alors que ce dernier essayait, par tous les moyens, de se rapprocher de son fils et de le voir : entreprise vouée à l'échec. L'enfant avait donc perdu toute confiance dans son père et perdu, pour lui-même, tous ses repères d'identité. Même après un long travail thérapeutique, ce jeune homme eut beaucoup de mal à retrouver une confiance pour s'établir affectivement.

L'adolescence

L'adolescence est un temps de paradoxe. L'adolescent a besoin de s'éloigner, de prendre de l'indépendance, et en même temps il a besoin de reconnaissance. Il recherche l'appui de ses parents et une grande disponibilité de leur part, tout en les rejetant. Si périlleux et douloureux équilibre à trouver entre l'amour et la haine !

Période à la fois riche et fragile où les parents auront à assurer solidement leur spécificité de père et de mère. Les réactions adolescentes à la séparation de leurs parents varient évidemment d'une personne à une autre.

Ils peuvent être déstabilisés, étonnés, devant les sentiments instables de leurs parents. Alors qu'eux sont à l'entrée de leur vie amoureuse, ils constatent que leurs « protecteurs-géniteurs », au nom de la perte de leurs sentiments, peuvent mettre un terme à l'équilibre familial, ou même recommencer une vie amoureuse à zéro. Certains peuvent se sentir à égalité ou même en rivalité avec leurs parents. Ils portent leur propre jugement et prennent la parole pour dire leur désaccord. C'est une période de leur vie qu'ils passent à l'extérieur de l'« atome familial », ils appartiennent à un groupe social bien à eux constitué de leurs semblables, où la juxtaposition des solitudes se mélange à la solidarité. Ils y trouvent du réconfort et une identité.

Si l'adolescent est en situation de fragilité au moment de la séparation, il peut la vivre comme un véritable abandon. Il peut se dévaloriser, vivre le départ du père comme une marque de désintérêt et de désaffection.

La place de la parole est une fois de plus prépondérante. Il s'agit pour les parents de lui répondre, de leurs places de père et de mère. Selon la façon dont la mère va parler du père absent, elle aidera son enfant à intégrer l'autorité paternelle ou non. La parole du père est fondatrice de l'identité de ses enfants dans leur devenir de femme et d'homme. L'absence paternelle ne doit pas se transformer en chaos pour l'adolescent.

Il convient pour chacun, dans ces périodes de grande instabilité, voire de destruction, de maintenir la notion du respect dû à toute personne en sa qualité d'humain.

Souffrances et incertitudes du côté des enfants, du côté des parents

J'ai pu interroger vingt-deux jeunes adultes qui ont accepté de parler du divorce de leurs parents. Ils ont en commun d'avoir vécu cette séparation survenue dans leur enfance.

Ils font tous preuve a posteriori d'une grande lucidité et possèdent une bonne faculté d'élaboration, je vous propose d'entrer dans leur parole et de les écouter.

Du côté des enfants

Dans les histoires évoquées de divorces conflictuels non parlés, non explicités à l'enfant dans ce qui le concerne, revient en permanence le sentiment, comme l'exprime Jonathan, vingt-trois ans, « … qu'on ne nous a pas dit la vérité, qu'on nous l'a évitée ». Il y a eu complète absence de paroles.

Quelque chose de grave se passait sans que quelqu'un mette des mots dessus. Reste dans les souvenirs un flou terrible. Louis, vingt-six ans : « Le divorce, c'est un vide, un trou, une perte, un manque. » En rapport avec ces « manques » de paroles, surgit la souffrance du défaut de communication entre les parents. Georges, vingt-sept ans : « Je pensais que les parents étaient obligés de communiquer pour les enfants, pour se mettre d'accord pour l'organisation, mais là, on n'avait même pas le droit de nommer notre père. » Alors, le silence plutôt que le risque de perdre l'amour du parent avec qui l'enfant vit.

Dans d'autres cas, la parole est si étranglée entre les deux parents que l'enfant préfère étouffer, « calfeutrer » toutes émotions ou demandes. Pour lui, « assurer », être dans la perfection, « remplir sa vie de mille activités », « ne pas penser », ne rien ressentir, tout cela est le seul moyen de résister.

Avec une grande régularité revient la place importante prise par le manque de paroles du père.

Dans les cas les plus difficiles, il s'agit de pères réduits au silence, bâillonnés par la mère qui condamne cet homme pour la « faute irréparable » de l'avoir quittée. Les enfants restés près d'elle intériorisent que le père les a abandonnés et qu'il ne les aime plus puisqu'il l'a laissée, elle. La parole du père est annulée, évincée. Les enfants s'identifient au parent avec qui ils vivent et à sa parole. Ils assimilent ses sentiments d'angoisse, de solitude et d'agressivité. Par ailleurs, aucune autre parole n'est dite aux enfants. Sébastien, dix-neuf ans : « Personne ne me disait autre chose, personne ne me parlait. » Ils étouffent en eux leur propre manque sans rien demander de plus. Ils s'interdisent tout sentiment qui pourrait les rapprocher du parent absent. Au fond, ils s'interdisent de ressentir le manque et le besoin d'amour.

Pour eux, ils ne retiennent que le parent souffrant. Jennifer, vingt ans : « J'avais sous les yeux la souffrance maternelle, j'étais obligée de m'y mêler, de la consoler, de la protéger. »

Julien, vingt-neuf ans : « Il y a eu confusion totale entre les sentiments des uns et des autres, un amalgame qui n'aurait pas dû être fait, j'étais à une place qui n'était pas la mienne. »

L'enfant se trouve pris dans un « conflit de loyauté » ou, pour ne pas trahir le parent abandonné, il ne manifeste aucun sentiment positif, aucune joie, pendant ses visites à l'autre parent. Christophe, vingt-quatre ans : « Attention, si je suis trop gentil avec mon père, elle ne va plus m'aimer », « Il fallait faire attention à tout, ne pas en faire trop, par moments la tension se relâchait et on s'entendait bien mais ça prenait toute mon énergie ».

Cet enfant, devenu presque adulte, emploiera des mots très durs pour refléter la situation de violence dans laquelle il se trouvait. Jérôme, vingt et un ans : « J'étais obligé de prendre parti, j'étais devenu un otage, un bouclier humain, elle m'a tout flanqué dans la tête avec son travail de sape, elle m'a eu complètement, elle s'est servie de moi. À certains moments, j'avais le sentiment de ne plus avoir de parents du tout, plus personne sur qui compter – vraiment seul au monde. »

On peut entendre dans ces paroles chargées émotionnellement un reproche très fort, comme s'il disait à sa mère : « Mais sais-tu de quoi tu m'as coupé, de quel amour tu m'as privé ? » Il ajoute : « Maintenant, mon père va vers la vie, il me montre que ce n'est jamais fini, que l'on peut progresser, cela m'aide à être vivant ; ma mère va, elle, vers la mort et c'est grave pour elle. »

Le sentiment d'abandon du père peut se traduire dans des situations moins dramatiques mais tout aussi douloureuses : le père est parti en laissant femme et enfant, la souffrance maternelle ne se dit pas et n'a pas l'air de peser sur les enfants.

D'emblée, la petite fille du couple s'instaure en soutien familial, en enfant « thérapeute ». Rose, vingt-huit ans : « C'était si difficile pour ma mère, je l'épaulais dans le quotidien, je n'ai aucun souvenir de chagrin ni d'agressivité, je ne pleurais jamais, ça marchait bien à l'école, il fallait surtout ne pas poser de problèmes. » Elle se positionne tout de suite par rapport au regard de son père : « Je voulais être parfaite pour mon papa, pour qu'il ne reparte pas. »

Quand son père s'installe avec une nouvelle femme, elle est d'une « neutralité bienveillante » : « Papa me manquait, mais je ne ressentais rien, j'étais sage et très gentille avec cette femme dont je n'avais rien à faire. » Seul compte de ne pas perdre l'amour de ce père, de conserver le lien, le fil qui les unit.

Pendant une période, le père a vécu seul : « Période géniale, un père tout à nous, disponible. » Mais quand ce dernier se remarie, il faut remballer ses demandes et ses manques d'amour : « Tout va bien, je suis une fille qui ne pose aucun problème, papa. » Juste le temps de se dire en elle-même : « Je perds encore une fois mon papa tout seul. »

Naissent d'autres enfants : « Je calfeutrais tout, on apparaissait nets, on allait voir papa, il me manquait tellement, mais il n'était pas très présent, je n'en profitais pas. » Elle lui pardonne tout : « Il travaillait beaucoup, il lui fallait gérer un nouveau couple, plusieurs enfants, il fallait qu'on ne soit pas trop envahissants, la relation individuelle avec papa était moins alimentée. »

Plus le père s'investit dans sa vie nouvelle, plus la petite fille s'essouffle à courir après : « Il me manquait de plus en plus. »

Tout ce qui venait du père était accueilli positivement. Les revendications étaient plutôt dirigées vers la mère qui n'avait pas su garder ce père ni faire le deuil de son départ. Marion, vingt-six ans : « Faire le deuil, c'est reconstruire une vie de couple avec une assise et une absence de père dans la tête, ce que n'a pas fait ma mère. »

Elle a ainsi grandi très vite, ne s'est pas autorisé de chagrin d'enfance, il fallait être parfaite pour garder sa place à côté du père.

Partout dans ces entretiens, revient, lancinante, la question de la place posée par tous : « Où suis-je dans la vie de mon père s'il va chercher ailleurs ce que je ne peux lui apporter, moi ? »

Des éléments positifs sont cependant apparus dans ces entretiens : la séparation y avait été abordée sans trop grande charge émotionnelle sur les enfants.

Après la période douloureuse de la séparation en tant que telle, où quelque chose s'est perdu à jamais, l'aménagement à la vie s'est fait dans le respect du bien-être des enfants. Marc, dix-huit ans : « Les parents n'ont jamais fait peser leurs sentiments, dans ce divorce, tout était normal. » Les enfants étaient eux-mêmes reconnus par leurs deux parents, ce qui leur permettait d'exprimer leurs désirs. Ils pouvaient se déterminer dans une grande liberté de choix. Patrick, vingt-six ans : « Ma vie continuait, c'était ma vie. » À aucun moment il n'y a eu confusion des sentiments : la vie des adultes, étanche, d'un côté, les intérêts des enfants de l'autre, avec la certitude de garder l'amour des deux parents sans avoir à choisir. Stéphane, vingt-huit ans : « J'ai été aimé, ça je le sais. »

Jacques, vingt-cinq ans : « Le maintien d'un lien d'amitié préserve les enfants de la souffrance. » Marine, dix-neuf ans : « On a été baigné dans un lien, on a été préservé. » Pour ces enfants, les parents n'étaient pas démolis, le lien était maintenu entre les familles. L'enfant, rassuré, se sentait en sécurité. Camille, vingt et un ans : « On a pu continuer à aimer l'un et l'autre, ils se voyaient, on passait des Noëls tous ensemble avec tous les membres des familles reconstituées. » La haine n'existait pas, la parole circulait. Les enfants appréciaient que leurs parents soient « réglos », loyaux entre eux, sans dénigrement.

Les enfants pouvaient rester vivre dans un « continuum social ». Ils pouvaient choisir leur lieu de vie sans pression sentimentale de part et d'autre. Plusieurs d'entre eux, à la préadolescence, ont voulu se rapprocher de leur père sans d'aucune manière avoir le sentiment de léser leur mère.

Mathieu, vingt-sept ans : « Je vivais un grand truc libre, pas d'étouffement, j'ai eu plein de familles différentes et des parents intelligents, les liens étaient maintenus, ça ouvre l'esprit, on s'enrichit, les amitiés comptent plus que la famille, un divorce qui se passe bien, c'est plus enrichissant qu'une vie qui ne bouge pas. »

On peut noter, de la part de ces enfants, une vraie reconnaissance vis-à-vis de ces parents qui ne se sont pas fait la guerre. Jean, vingt-quatre ans : « Ça ne sert à rien de se tirer dessus avec les enfants au milieu pour régler des comptes qui datent. »

La question d'une guerre ouverte leur paraît, à tous, inutile et dérisoire. Samuel, vingt-six ans : « Pourquoi la guerre, pour posséder quoi, quel territoire, qui ? Si on ne s'entend plus, on se sépare, il faut tout faire pour que le partage se fasse le mieux possible. » Des solutions peuvent toujours exister pour éviter de se battre. Karine, dix-huit ans : « Se parler, s'aider par les livres, travailler sur soi, se concilier, se poser des questions ensemble… »

Ces entretiens témoignent d'une ouverture extraordinaire. On constate que, lorsque les adultes peuvent dépasser leur propre angoisse et reconnaître dans l'autre une personne à respecter, parents comme enfants, la séparation peut se dérouler en intégrant des points positifs pour l'avenir de l'enfant.

Du côté des parents

Les parents ont un rôle de protection et de transmission avant tout. Cette protection passe par l'usage de la parole. C'est en lui parlant que l'adulte n'abandonne pas l'enfant.

Les modes de vie, les éclatements familiaux, les nouvelles familles reconstituées peuvent laisser la place à beaucoup d'errance et à une perte massive de repères. Il est donc essentiel que les adultes responsables puissent identifier clairement les places de chacun pour l'enfant. Qui est qui ? Qui fait quoi ?

Il ne faut pas hésiter à dire et redire l'amour pour l'enfant, le soulager de toute responsabilité vis-à-vis de ce qui se passe dans la vie de ses parents. Il est par ailleurs indispensable de savoir évoquer le parent absent ou disparu, ne pas le laisser disparaître justement, mais parler de lui avec l'enfant. L'adulte ressent parfois une telle souffrance qu'il ne peut s'empêcher d'exercer une véritable « captation » sur son enfant, ce qui interdit l'accès d'amour à l'autre parent. Il serait souhaitable que ce parent-là, dans sa détresse, puisse se faire aider, qu'il ne reste pas seul en face de ses questions, et qu'il puisse adresser à un tiers une parole qui le libère.

Dans les familles reconstituées, de nouveaux liens s'établissent. Il est alors primordial de toujours garder une place centrale pour les enfants nés de l'union précédente en leur conservant la première place. Ils gardent ainsi confiance dans leur capacité à être aimés.

Par contre, si les adultes projettent sur leurs enfants leurs propres angoisses, névroses, frustrations, transformées en vengeance, les enfants reprendront à leur compte les douleurs parentales et modèleront leur comportement sur celui de leurs parents ; leur identité est alors menacée.

Dans les cas de divorce pour faute où le cercle vicieux de la procédure pousse les parents aux mensonges, à la manipulation, à développer des stratégies de guerre, les enfants sont nécessairement les otages. Ce dont l'enfant malgré lui est le témoin chez le père ou la mère devient alors l'objet d'un secret indicible. L'enfant vit une angoisse quotidienne. Tout incident devient une faute et peut alimenter la cause du conflit parental : le père qui se dérobe à son week-end, confiant les enfants aux grands-parents par exemple, sans l'annoncer au préalable. En conséquence de quoi, l'enfant se sent dans l'obligation de taire cet incident pour ne pas que sa mère l'apprenne afin qu'elle ne s'en serve pas dans la guerre qui l'oppose à son adversaire.

L'enfant est en porte-à-faux, avec toute l'angoisse que cela peut générer, il se tient dans une interdiction implicite de paroles. Il espère dans le jugement de divorce un arrêt de cette guerre dans laquelle il se sent captif.

S'il y a annulation du parent exclu, absence de nomination, alors celui qui est banni devient un mort vivant, un impossible à aimer, un imaginaire, un mythe à qui on ne peut plus s'adresser. Il n'existe plus.

Ce n'est pas tant la rupture qui sépare que la haine qui se lève à ce moment-là, celle d'un parent vers l'autre ou d'un parent vers l'enfant.

Mais que demandent les enfants ?

– D'être préservés, que les parents veillent sur eux ;

– Que la vérité soit parlée et dite ;

– Qu'un dialogue, une parole entre les parents circulent ;

– Qu'ils ne soient pas coupés des deux lignées dont ils sont issus, du fait que la parole circule ou non ;

– Qu'on ne les laisse pas dans le flou, seuls dans l'imaginaire, au gré de leurs fantasmes.

Est-ce une mission impossible pour les parents qui se séparent ? N'est-ce pas là que l'intérêt de l'enfant prend tout son sens ?

Les enfants font des efforts monumentaux pour comprendre leurs parents. Ils font un vrai travail transgénérationnel. Stéphanie, vingt-cinq ans : « Comment étaient les grands-parents, quels rapports avaient-ils avec leurs parents ? » Ils doivent pouvoir être sûrs d'avoir été pris dans l'amour d'un père et d'une mère. C'est une base de départ dans la vie : avoir cette certitude-là, de l'amour des deux parents. On peut devenir une personne, un sujet parce qu'on a été nommé en amour. Sinon, l'enfant ne pourra jamais s'autoriser à demander de l'amour, en son nom propre, ni à en donner.

L'enfant a besoin de se reconnaître une appartenance dans une fratrie.

La perte de l'amour de l'un des parents est dommageable pour son avenir affectif. Une quête infinie d'amour se dessine.

Je conclus, ici, en laissant la parole à Françoise Dolto selon qui « toute souffrance est articulée au non-dit ou à un mensonge », « le divorce peut être pris comme un acte responsable », l'on doit « humaniser la séparation, la dire avec des mots, ne pas la garder dans l'angoisse indicible », « tout ce qui n'est pas signifié en paroles est animal et non humanisé, tout ce qui se dit en paroles est humanisé ».

Quelle place occupée par l'enfant quand survient la séparation de ses parents ?

Au travers de ces entretiens, j'ai observé principalement dans les comportements des parents que j'ai rencontrés cinq typologies de réactions :

L'abandon

Les enfants développent un syndrome d'abandon, par système projectif, ils s'interrogent : « Puisque mes parents, qui n'ont de cesse de me répéter qu'ils se sont aimés et qu'ils m'ont fait pour cela, sont capables de se quitter, alors pourquoi ne me quitteraient-ils pas aussi ? »

Longtemps, ils vont porter en eux cette angoisse et il faudra que la parole rassurante des parents soit posée, encore et encore !

La culpabilité

Les enfants développent très souvent une réaction de culpabilité, persuadés d'être à l'origine de la séparation, s'appropriant le dysfonctionnement familial. Trop souvent, les parents rapportent des propos tels que : « Est-ce que c'est parce que je n'obéissais pas que vous vous êtes quittés ? »

Il s'agit là d'une des réactions qui revient de façon la plus récurrente.

L'espoir de réconciliation

Les enfants développent des fantasmes de réconciliation, ils vont alors élaborer mille et une stratégies inconscientes pour tenter de ramener leurs parents « comme avant ».

Combien d'enfants vont tenter, ne serait-ce qu'au moment où ils se trouvent en présence des deux parents, de tirer la main de l'un vers l'autre comme pour les réunir un instant, une seconde ?

La plupart de ces scénarios passent également par des phénomènes de somatisation, les enfants développent des symptômes, seule façon d'exprimer leur désarroi, pour qu'au moins leurs deux parents soient là ensemble.

La loyauté

J'ai expliqué, plus haut, que les enfants s'enferment dans une loyauté à l'égard du parent qu'ils sentent en difficulté. Le psychiatre Richard

Gardner a décrit ce qu'il appelle le « syndrome d'aliénation parentale », dit SAP. L'enfant dit « sapé » va pouvoir mettre ses besoins, ses désirs en sourdine pour protéger le parent qu'il pense en souffrance, en difficulté, abandonné par l'autre parent.

La parentification

Pendant que les parents continuent à se battre, les enfants vont alors « porter » leurs parents en devenant eux-mêmes des adultes, dans un comportement de parentification, et il n'est pas rare d'entendre : « Les enfants du divorce sont très matures ! », alors qu'il s'agit de comportements de compensation du dysfonctionnement des parents.

Laissons les enfants à leur place, il est urgent de multiplier la création de lieux de gestion des conflits, et de permettre que chacun trouve, retrouve son rôle, sans glissement d'une fonction à l'autre, d'une génération à l'autre.

Tout au long des entretiens, je sollicite les parents dans l'observation des manifestations diverses des enfants, je cherche avec eux des solutions, les attitudes à adopter. Si besoin est, le cas échéant, je peux les référer vers d'autres professionnels.

La médiation me permet de traiter séparément, de différencier les aspects conjugaux des aspects parentaux souvent amalgamés au moment de la rupture tant que le conflit n'est pas dépassé.

L'une des difficultés pour les parents est constituée par la peur de perdre leur place auprès des enfants, l'amalgame entre le conjugal et le parental est renforcé par leurs propres difficultés émotionnelles.

Les enfants ont besoin d'être rassurés, mis à l'abri des conflits, de ne pas être pris à partie, et ils vont chercher à vérifier la crédibilité de leurs parents, après la séparation.

La médiation constitue parfois un point de départ au processus de différenciation, d'appropriation de l'identité. Cette amorce peut autoriser le préalable à un travail de type psychothérapeutique individuel qui permet de commencer, peu à peu, à accepter la séparation et à élaborer le deuil de la relation, la compréhension de la position de l'autre partenaire.

En redonnant aux parents leurs rôles, leurs responsabilités, la médiation constitue un espace qui permet à l'enfance de ne pas avoir à se substituer à un comportement d'adulte.

Quelques repères pour vous aider

Bien souvent, les parents, pris dans leurs propres difficultés, me demandent : « Que dire aux enfants, comment les rassurer ? »

Ma première réponse est de les conforter dans leur place de parents : « Faites comme vous avez toujours su faire, avec les mots qui sont les vôtres, ne cherchez pas la complication ! »

Et, aujourd'hui, face à cette demande pressante d'une réponse à tout prix, d'une réponse pour sécuriser, je pourrais dire : « La recette la mieux adaptée à votre question nous vient de ceux qui connaissent les enfants, qui entendent leurs difficultés. Ces professionnels déclineraient comme suit les ingrédients nécessaires à cette recette : une dose de bon sens, bon pour chacun, une once de tendresse, un zeste de respect pour la souffrance de l'enfant et le tout saupoudré du fait d'accepter que la tristesse de l'enfant soit normale et inévitable ! »

Cependant, je ne veux pas dire qu'il faille nier la difficulté des parents ; bien au contraire, il est indispensable de les rassurer, de les guider mais sans rien faire à leur place, pour eux, en les accompagnant afin qu'ils trouvent eux-mêmes les justes mots, les justes moments pour parler aux enfants et surtout pour ne pas les laisser dans le silence, dans l'absence, au risque de les plonger dans le désespoir.

C'est pour cela que je vous propose un récapitulatif des principales réactions des enfants et quelques suggestions qui peuvent aider lorsque l'on cherche, de façon urgente et désespérée, un appui.

C'est à partir de l'observation et de l'écoute des enfants que je reçois que j'ai composé ce tableau. Tableau qui, au demeurant, se réfère au travail de

Judith Wallerstein et de Joan Kelly qui ont, durant de nombreuses années, accompagné des enfants dont les parents se séparent.

Ces repères ne sont que très indicatifs, chacun pourra y cueillir les éléments qui lui conviennent et tous les parents n'y retrouveront pas les réactions de leurs enfants.

Ainsi est faite la vie : singulière et pourtant, parfois, similaire à une autre histoire de vie !

Face aux nombreuses demandes des parents, d'interrogations sur quoi faire, comment faire avec les enfants, je propose une grille, très indicative, pour leur permettre de se repérer et de vérifier que tous les enfants traversent des étapes presque identiques.

Cette présentation vise à déculpabiliser les parents, à prendre de la distance avec les difficultés qu'ils rencontrent. C'est également un support pour les entretiens de médiation, durant lesquels les parents pourront m'interroger sur les comportements des enfants, en général, avant d'aborder ce qui concerne leur enfant.

TABLEAU DES RÉACTIONS DES ENFANTS

ÂGE	RÉACTIONS	SUGGESTIONS
0 - 3 ans	• Troubles du sommeil. • Possibilité de régression des acquisitions. • Agressivité qui se développe. • Sentiment de responsabilité de la séparation des parents.	• Le rassurer, lui expliquer qu'il n'est pour rien dans la séparation, lui dire que ses deux parents continueront à s'occuper de lui, qu'il ne sera pas abandonné. • Lui indiquer comment ses parents vont habiter, lui présenter la maison de chacun.
3 - 6 ans	• Il peut pleurer souvent, paraître triste, fuir dans ses rêves. • L'école va moins l'intéresser, il est souvent en conflit avec ses parents. • Son agressivité peut s'accroître.	• Lui permettre d'exprimer ses peurs, ses inquiétudes. • Le rassurer, lui affirmer que ses deux parents continueront à prendre soin de lui. • Prendre autant de temps que nécessaire pour répondre à toutes ses questions.
6 - 9 ans	• Il tente de cacher ses émotions, sa tristesse. • Il va mettre en œuvre mille et une stratégies pour réconcilier ses parents. • Il manifeste de la colère à l'égard de celui de ses parents qu'il considère comme « responsable » de la séparation.	• Il faut lui expliquer que ses parents habitent / vont habiter chacun dans leur maison et qu'ils vont continuer à s'occuper de lui. • L'enfant doit pouvoir maintenir des contacts fréquents avec chacun de ses deux parents. • Maintenir son rythme, ses rites.

ÂGE	RÉACTIONS	SUGGESTIONS
9 - 12 ans	• Le groupe de copains constitue pour lui un lieu de soutien. • Il va utiliser le changement familial pour accéder plus vite à son autonomie. • Il peut être dépressif, se dévaloriser.	• Tenir compte de son opinion, de ses activités. • Discuter avec lui de la séparation de manière franche. • Prendre du temps pour l'inviter à parler de ses préoccupations. • Favoriser l'expression de ses besoins.
12 - 15 ans	• Il recherche les limites et paradoxalement les réfute. • Son comportement peut-être provocateur. • Il traduit ses difficultés par des troubles du comportement : alimentaires, toxicomanie, délinquance…	• Poser les limites, le rassurer… • Maintenir la communication. • L'écouter, prendre le temps de pratiquer des activités avec lui. • Lui permettre d'exprimer ses besoins. • Éviter de l'affronter inutilement.

Que faire de la parole de l'enfant : comment l'aider à sortir du silence ?

Nous voyons combien l'enfant est concerné par ces situations conflictuelles, ces dysfonctionnements, et combien l'écoute, la prise en compte de sa parole est complexe, demande des compétences très particulières et nécessite la définition d'un cadre précis.

La loi de 1993 confirme pour l'enfant la possibilité d'être entendu par le juge lors du divorce ou de la séparation de ses parents. Parfois même, les enfants ont accès à un avocat d'enfant qui vient porter leurs paroles par-devant le juge.

Quand bien même l'enfant n'est pas partie de cette procédure, les conséquences, le poids de sa parole sont bien dommageables.

Toute la différence se trouve là, inscrite dans l'étymologie même du mot enfance, du latin *infans*, et l'enfant doit demeurer celui qui a encore le droit à l'erreur, en dépit du dicton bien connu : « La vérité sort de la bouche des enfants » !

C'est bien de cette vérité, de sa parole dont il est question, lorsque l'enfant pris en otage dans le conflit de ses parents vient « offrir » sa parole dans le cadre d'une procédure qui devrait rester celle du conflit de ses parents.

Mais comment ferait-il autrement, alors que sa parole a occupé tout l'espace familial et que le pouvoir de ses mots devient loi ?

Existe-t-il une solution pour éviter ces dérapages ? Il serait ambitieux, ou illusoire, en qualité de professionnelle, de laisser croire que je détiens la solution. Si je mets l'accent sur la nécessité d'entendre les messages implicites des enfants, il est tout aussi important de prendre le temps de pouvoir « décoder » les besoins des parents afin de proposer l'accompagnement le plus judicieux et de permettre à la parole des enfants d'être accueillie dans un espace qui lui soit spécifique.

Je me souviens de cette petite fille de huit ans qui disait à son père, après quelques heures de retrouvailles : « Papa, il faut que je te dise, maman serait triste de savoir que je suis contente de te voir, alors chaque fois que j'arriverai je vais pleurer et dire que je ne veux pas te voir, tu comprends elle est tellement triste ! »

Ou bien d'autres encore qui, par « fidélité » à la souffrance du parent blessé, refusent des heures durant de poser même un regard sur ce parent « banni ».

J'ai mentionné précédemment que, pour un sur deux des enfants concernés par le divorce, la séparation de leurs parents, la relation avec l'un des deux parents va s'interrompre.

S'interrompre parce que le divorce, la séparation ne sont pas de simples adéquations économiques ou alignements à des textes légaux.

Dans le cadre du règlement de ces conflits familiaux la tâche des juges est complexe, il leur est demandé de rendre « justice », de dire le droit là où les émotions, les blessures engluent le paysage !

L'enfant face au juge, à l'avocat, à l'expert

La tâche du juge dans le cadre de ces situations est loin d'être simple. Comment, pour eux, rester dans leur fonction, dire le droit, rendre des décisions alors que, sur fond de droit, se joue le droit de chacun ?

Droit d'être reconnu comme celui qui est blessé, droit de se voir affirmer et reconnaître ses choix, sa décision…

Ils sont de plus en plus nombreux ces magistrats qui s'interrogent, prennent du temps pour analyser, réfléchir, avant de rendre leurs décisions, en sachant le plus souvent qu'elles ne peuvent satisfaire tout le monde !

Comment satisfaire et rendre l'équité lorsque cris et griefs sous-tendent les demandes présentées au juge ? Comment trier ce qui est de l'ordre des affects et de la prise en compte des besoins de chacun, mais surtout des parents ?

Les parents attendent tout du juge, comme de leurs avocats, puisqu'ils attendent la vérité !

La loi donne, depuis longtemps, aux juges la possibilité d'avoir recours à des experts pour les aider à prendre leurs décisions, à évaluer la situation familiale, le contexte le meilleur… au nom de… *l'intérêt de l'enfant* !

Le rôle de ces experts est de rencontrer chaque membre de la famille, d'entendre, de regarder, d'évaluer, d'analyser le contexte dans lequel vit l'enfant. Chacun des deux parents, comme deux écoliers appliqués, va alors tenter de persuader, de prouver qu'il est dans le vrai.

Le juge prend appui sur ces observations pour prendre sa décision.

Depuis toutes ces années, j'ai beaucoup travaillé avec des juges, je mesure leur solitude, la complexité de leurs fonctions et la difficulté de rendre des décisions qui prennent en compte les besoins de chacun, tout en s'appuyant sur le Code civil. Comment démêler ces histoires, trancher dans le monde si privé de la famille qui vient exhiber ses plaies en demandant justice ?

Le juge a également la possibilité d'entendre les enfants pour recueillir leurs paroles et je sais que pour beaucoup d'entre eux le cadre de cet entretien est parfaitement compris, quand bien même il est rappelé à l'enfant que ce n'est pas lui qui décide. Est-ce vraiment anodin pour un enfant de venir porter sa parole dans un tribunal, dans ce lieu où ses parents guerroicnt pour obtenir le « plus grand morceau » possible de l'enfant ?

C'est cette même question qui me dérange lorsque l'on parle de l'avocat de l'enfant. Avocat pour le défendre contre qui, contre quoi ?

L'enfant est tiraillé, ballotté, mis en position d'adulte. Est-ce sa place, son rôle, alors que l'on n'a de cesse de promouvoir le soutien à la parentalité ?

C'est bien par respect pour les enfants que je suis méfiante face à tous ces espaces dans lesquels la parole de l'enfant peut être répandue, éparpillée, et bien entendu je crois, au travers de tout ce qui a déjà été dit dans cet ouvrage, à la nécessité de le laisser en dehors de ce conflit, de le protéger de ce combat que se livrent les parents, par respect pour son statut d'enfant.

C'est au nom de la Convention internationale des droits de l'enfant, et de la nécessité, pour tout enfant, de maintenir des liens avec ses deux parents et face aux ruptures de relation post-séparation, que se sont créés des associations, des services dénommés : « lieux d'accueil » ou « point de rencontre », un peu partout en France.

Le principe de ces lieux est d'éviter la rupture des liens, de mettre l'enfant à l'abri d'un parent qui souhaite rompre la relation, d'un conflit qui n'est pas le sien, même s'il le concerne.

Ayant moi-même contribué à la création de l'un de ces lieux il y a quelques années, je m'interroge aujourd'hui, et vous livre l'état de ma réflexion.

Partant de ce constat, et du constat qu'un enfant sur deux perd tout contact avec l'un de ses deux parents, en 1990, avec le soutien d'une équipe de professionnels, j'ai participé à l'élaboration puis à la réalisation d'un lieu d'accueil, d'un espace dont l'objectif initial était la mise à disposition d'un lieu convivial, chaleureux, pour des enfants et leurs familles afin d'éviter ces ruptures, ces dérapages dont sont victimes les enfants.

Et pourtant, rapidement, il est devenu un lieu où l'un des deux parents, à 80 % des pères, s'est vu contraint à « rendre visite » quelques heures à son enfant sans autorisation de pouvoir sortir à l'extérieur, car le conflit entre les parents est devenu ingérable !

Notre lieu pour enfants est alors devenu une nouvelle arme à double tranchant, et je me pose des questions sur le vécu de ces enfants qui viennent rendre visite à un « mauvais parent », en tout cas désigné comme tel par l'autre parent !

Si nous devons, dans notre pays et hors de nos frontières, continuer de dénoncer tout abus concernant les enfants, ne devons-nous pas les protéger en évitant qu'ils soient toujours et encore l'otage, la monnaie d'échange d'un conflit non géré dont le prix à payer sera lourd de conséquences pour son équilibre psychique ?

Au sein de ce service, les professionnels ont noté un durcissement des positions des parents, du conflit, dès lors que la décision de « droit de visite limité » est prise ; les enfants, plus que jamais, sont enfermés dans un conflit de loyauté, se portent au secours du parent qu'ils savent blessé et, dans ce comportement de parentification, oublient de vivre leur vie d'enfants.

L'hypothèse alors posée était : la possibilité d'orienter les familles, autant que faire se peut, vers la médiation familiale afin que les conflits d'adultes ne rejaillissent pas sur les enfants et puissent être réglés.

Deux années plus tard, les chiffres venaient infirmer cet espoir devenu illusion. Les situations familiales « prises en charge » étaient à 95 % orientées par des magistrats, la plupart du temps depuis des mois, voire des années. Les relations au sein de ces familles accueillies s'étaient dégradées, une nouvelle donne apparaissait au fil du temps, le conflit était stratifié par des procédures répétées, et les enfants jetés dans le tumulte de ces remous.

Sans compter le nombre de plus en plus important de grands-parents exclus de la relation avec leurs petits-enfants.

Enfin, un indice inquiétant : le nombre de parents pointés comme d'« éventuels » parents incestueux, attoucheurs ! Les dégâts psychologiques sur les enfants sont alors encore plus dévastateurs.

Volontairement, je n'approfondirai pas cette question, qui à elle seule peut faire l'objet d'un ouvrage [1].

Nous étions devenus les témoins impuissants, ou presque, des situations qui avaient mis en scène de façon simultanée, en direct, la souffrance de l'enfant et celle de ses parents. Comment alors intervenir ?

Cette fonction est l'une des plus complexes, et les professionnels impliqués doivent faire preuve de grandes compétences, slalomant entre psychologie et intervention sociale en prise directe avec le conflit de ces enfants-otages pris entre deux

---

1. Voir l'ouvrage d'Hubert Van Guighesem, *L'enfant mis à nu*, éd. Droits de l'enfant. H. Van Guighesem est professeur dans une université canadienne, il a consacré un travail de recherche à ce thème ; ce sujet « brûlant » est encore peu étudié en France.

parents qui ne peuvent même plus les voir tant ils sont occupés par leur bataille.

Pour illustrer ce travail, je me souviens d'une situation qui reste gravée dans ma mémoire :

Paul a six ans lorsqu'il vient pour la première fois à l'« Espace Accueil Famille », accompagné par son père. Il vient pour retrouver sa maman, toxicomane.

L'espace de quelques heures, Paul va à la « rencontre » de sa mère. En quelques séquences, il va donner le rythme de ces retrouvailles, instaurer des rites, poser son regard d'enfant sur la situation familiale qui est la sienne…

Quelques mois plus tard, sa maman décide de quitter ce monde, devenu insupportable pour elle. En partant, elle savait Paul en sécurité avec son père. Plus tard, les professionnels de l'Espace Accueil proposent à Paul de venir reprendre les jouets restés là, rangés dans l'armoire.

Paul refuse et explique qu'« ils doivent rester dans la maison de (sa) maman » !

Regard d'enfant sur une situation presque ordinaire, repères familiaux qui bousculent nos représentations des notions de famille, de sécurité, de besoins ou d'intérêts des enfants.

Les enfants ont bien peu d'espace pour s'exprimer. Souvent, ils ont été invités à donner leur avis sur ce conflit et ils ont vite compris que la moindre parole, le moindre dessin consentis finissaient dans un dossier : celui de la bagarre juridique de leurs parents !

Les enfants sont concernés par le divorce, la séparation de leurs parents mais ils ne savent pas toujours avec qui parler de leurs difficultés, de leur chagrin, de leur colère. Il leur est difficile de prendre parti pour l'un ou l'autre, et pourtant…

Alors où parler, où dire ces difficultés ?

De cette expérience, nous est venue l'idée de créer des groupes de parole en direction des enfants, hors la présence des parents, mais avec leur accord.

Les groupes d'enfants

Depuis plusieurs années, avec mon équipe, nous avons décidé d'aider les enfants, les adolescents, en mettant en place des groupes pour eux, un lieu de parole afin de leur donner la possibilité de :

– parler de la séparation de leurs parents ;
– échanger avec d'autres enfants ;
– poser toutes les questions qui les inquiètent.

Nous mettons à leur disposition, par groupes d'âge, un lieu qui leur est spécifique, coanimé alternativement par deux professionnels : médiateur familial et psychothérapeute, un homme et une femme de préférence.

Dans un souci d'ancrer la responsabilité des deux parents, leurs accords respectifs sont demandés. Lors du premier entretien, un professionnel présente aux parents le cadre du travail qui est proposé, mais il est rappelé que ce qui s'y passe demeure confidentiel, la propriété du groupe.

Il est fréquent que les parents aient fait, eux-mêmes, appel à la médiation, mais ce n'est pas une règle générale.

Les enfants peuvent, s'ils le souhaitent, emporter leurs dessins, parler avec leurs parents de ce qui a été dit, mais les animateurs ne peuvent le faire à leur place.

Je me souviens d'Eva, petite fille de cinq ans, et de son frère qui, une fois rentrés chez eux, ont questionné leur maman : « Dis-nous, maman, pourquoi papa et toi vous vous êtes divorcés ? » La maman nous a dit son étonnement : « Pourtant j'avais l'impression de leur en avoir parlé, mais ils faisaient toujours comme si cela ne les concernait pas. Depuis qu'ils viennent au groupe, ils reposent des questions, demandent à ouvrir les albums photos… »

Quatre séances de deux heures, une fois toutes les trois semaines, forment la structure de cet accompagnement. Chacune des séances a un objectif précis. Nous avons construit ces groupes sur le modèle du processus de médiation, avec pour objectifs la déculpabilisation de l'enfant, la possibilité de rechercher dans son environnement un adulte de « référence », la possibilité de pouvoir mieux accepter cette séparation et, éventuellement, d'indiquer aux parents la nécessité de poursuivre cette aide avec un autre professionnel : pédo-psychiatre, psychologue ou psychothérapeute.

Ce travail permet aussi, à terme, d'orienter les enfants qui en ont besoin vers un accompagnement spécifique, à l'extérieur de notre service.

Les enfants apportent beaucoup dans ce travail ; l'un des groupes a construit une boîte à secrets dans laquelle chacun glissait ses secrets durant la séance et vérifiait, lors de la séance suivante, que personne n'avait dérobé son message !

« Moi je sais maintenant qu'il y a d'autres enfants comme moi ; bien sûr on est tristes que nos parents se soient séparés, surtout qu'il y a des parents qui continuent à se disputer très fort même après. »

Aborder la vie des enfants sans prendre en compte leur construction identitaire semble périlleux, mais pouvons-nous aborder les droits des enfants sans aborder les devoirs des parents ?

La possibilité de permettre à un enfant d'être élevé par ses deux parents, lors de séparations familiales, semble répondre à un besoin essentiel des enfants : celui d'avoir accès à ses deux parents, à sa filiation, à sa culture et d'être ainsi mis à l'écart du conflit en l'excluant de la relation avec l'un des deux ! La transmission des schémas parentaux sert de base, d'appui aux enfants pour se construire en toute sécurité, car les enfants d'aujourd'hui, adultes du XXIe siècle, auront vraisemblablement eux aussi à accompagner leurs enfants.

Alors peut-être pouvons-nous affirmer et demander que soit respecté le droit de tout enfant à être élevé par ses deux parents, mais pouvons-nous, également, aider à permettre aux parents d'exercer leurs responsabilités parentales sans se réfugier derrière une autorité quelconque.

Une fois de plus, je préfère laisser le mot de la fin à Françoise Dolto [1] : « L'enfant a besoin de la vérité, et il y a droit. La vérité est souvent douloureuse à entendre, mais si elle est parlée et dite de part et d'autre, elle permet à l'enfant de se construire, de s'humaniser. »

---

1. F. DOLTO, *Tout est langage*, éd. Carrère.

4

La médiation familiale

Il n'y a pas deux hommes qui ne se comprennent pas,
il y a simplement deux hommes qui ne s'entendent pas.

Proverbe wolof

Les premières questions qui me sont adressées sont, souvent, de même nature et indiquent d'une part la méfiance et d'autre part la confusion sur mon rôle : « Ah, oui un médiateur, c'est un psychologue, un avocat, une assistante sociale » ou encore : « Moi-même, j'ai souvent dû faire de la médiation dans ma famille, au bureau… »

Ces questions sont légitimes, elles sont tout autant le signe d'une méfiance que celui d'une reconnaissance, témoin du manque d'information de cette pratique qui s'affirme depuis plus d'une décennie.

Notre société, comme toute société d'ailleurs, est marquée de rituels, de repères que nous transmettons, qui nous permettent de baliser le chemin de notre vie et d'ailleurs le mariage, la vie en couple en sont bien, mais à la différence de la séparation ou du divorce, il n'est pas nécessaire de faire appel à des professionnels pour prendre cet engagement.

La décision de partager sa vie avec quelqu'un est souvent fêtée, inscrite, affirmée en regard du groupe social, signe de rituels et, pour moi, à ce même titre, la médiation, en se situant comme un état de l'entre-deux, permet d'instaurer un rituel du démariage en donnant sens à cette étape de la vie familiale. D'ailleurs, l'écrit final, remis à chacun des deux parents, peut être assimilé au nouveau règlement familial puisqu'il est le recueil des décisions et sera, souvent, utilisé comme le référent tant pour les parents que pour les enfants.

Alors qui sont ces professionnels, les médiateurs familiaux ? En quoi se distinguent-ils des autres professionnels de l'accompagnement familial ? Comment se déroule une médiation familiale ?

C'est ce que je vous propose de repérer.

Qui sont les médiateurs familiaux ?

Si le concept de médiation est aujourd'hui largement utilisé, il fait cependant référence à des représentations et des modes d'intervention divers et pour le moins diffus… Ainsi, la médiation peut faire référence à la notion d'introduction de la tiercéité, quel que soit le domaine ou le champ d'application dans lequel elle intervient, mais aussi parfois d'évitement du conflit, de pacification à tout prix. De l'entreprise au quartier en passant par l'école, la pédagogie, la famille et bien d'autres domaines encore, son utilisation devient de plus en plus fréquente au risque de rendre flous ses contours, sa définition et son mode d'application.

Ce mode d'intervention « importé » d'outre-Atlantique en 1987 a rapidement trouvé ses marques en France. Les premiers professionnels qui se forment à la médiation familiale sont principalement issus du champ psychosocial et, plus récemment, du droit.

La formation codifiée depuis 1992 par la Charte européenne [1] prévoit un enseignement théorique de deux cent dix heures a minima, un stage pratique, la présentation d'un mémoire qui permettent la délivrance d'un certificat d'aptitude aux fonctions de médiateur familial.

Ni psychothérapeute, ni travailleur social, ni juge, ni avocat, ce nouveau professionnel qui entre dans le champ de l'accompagnement familial a progressivement défini son territoire d'intervention en se constituant une culture et une identité professionnelles. La création de deux

1. La Charte européenne de formation des médiateurs familiaux a été signée le 15 octobre 1992 à Paris ; ces travaux ont été coordonnés par l'Association pour la médiation familiale.

associations nationales représentatives des médiateurs familiaux, un code de déontologie, des publications ont aidé à cette construction durant la dernière décennie.

En 1995, les législateurs lui donnent les prémices d'une reconnaissance officielle en accordant aux magistrats la possibilité, après avoir recueilli l'accord des deux parents, de faire appel à un service de médiation familiale.

La médiation familiale a, elle aussi, sa « famille », son histoire et ses arrière-plans théoriques, car sa pratique n'est pas seulement intuitive mais conceptualisée.

Les arrière-plans théoriques

L'approche théorique qui sous-tend la pratique de la médiation familiale est la théorie de la communication, multidimensionnelle dans ses références. J'identifie, au travers de la construction historique de la médiation, une conceptualisation passée au « filtre théorique » de différentes approches inhérentes à l'appartenance professionnelle des « fondateurs » de cette approche.

Nous repérons ainsi un « métissage » entre approches juridique, psychologique et sociale. La formation initiale des différents professionnels va être perçue au travers de leur mode d'intervention.

On identifie trois grands courants dans la médiation familiale :

Le courant négociateur : Fondé sur la théorie de la négociation raisonnée[1], ce courant a pour objectif de pouvoir dissocier les « positions des protagonistes, prises par intérêt » et de diriger la négociation vers l'émergence et la prise en compte des besoins.

Le courant systémique : Il doit son adaptation à la médiation aux thérapeutes familiaux formés à cette approche. L'influence de l'école de Palo Alto et notamment de Paul Watzlawick[2] y est prépondérante.

Le médiateur va avoir sur la famille un regard d'« ensemble ». Il sait que les deux lignécs familiales s'inscrivent chacune dans une constellation. Les incidences, les héritages transgénérationnels[3] sont présents, induisent les comportements.

Nombre de médiateurs ayant reçu une formation systémique vont « utiliser » le divorce comme symptôme du changement. Le médiateur « systémique » propose de pouvoir aussi aborder les questions relatives à l'organisation, post-séparation, des relations avec la famille élargie (grands-parents, oncle, tante ou toute personne significative pour l'enfant), et également avec les nouveaux conjoints. Au sein de la médiation, la

1. R. Fischer et W. Ury, *Comment réussir une négociation*, éd. du Seuil, 1982.

2. Paul Watzlawick, *Théories de la communication*, éd. du Seuil, 1981.

3. V. de Gaulejac, *L'Histoire en héritage*, éd. Desclée de Brouwer, 1999.

« vision » sera alors à la fois le réseau familial dans son ensemble, et le réseau social au sein duquel s'inscrit la famille, et c'est sur l'ensemble de ce réseau que la médiation va porter son action.

Le courant psychanalytique : Les médiateurs qui s'identifient à ce courant ont généralement une formation et une fonction dans le champ de la relation d'aide. Les aspects transférentiels sont pris en compte, le médiateur a conscience du « pouvoir » de sa parole.

Le conflit est analysé comme un élément de fonctionnement de la vie du couple. Les aspects émotionnels liés à la séparation peuvent être pris en compte, l'expression des sentiments n'est pas refoulée.

Les comportements induits par l'inconscient vont se manifester, se repérer, au travers des actes posés, des décisions prises.

Le médiateur peut avoir la compréhension des mécanismes inconscients propres à chacun des protagonistes, mais il ne fait pas d'interprétation, contrairement à ce qui se passe lors de la cure analytique.

En conclusion, nous pouvons dire que les prérequis de chaque professionnel constituent son identité. Le concept de la médiation familiale permet à chacun de se référer à l'un des « outils » dont l'utilisation lui est familière, mais tous se réfèrent au processus qui constitue le cadre référentiel de cette intervention.

Accompagner la décision de se séparer

La médiation familiale peut intervenir à tous les stades de la séparation, je l'ai déjà indiqué en amont du livre, mais il est parfois bon de le répéter !

Elle va se dérouler dans un espace-temps précis : de trois à six mois, selon le texte de loi de 1995 ; cependant, dans mon quotidien professionnel, je constate que, souvent, ce temps est trop court. Comment relever ce challenge de permettre à une communication inscrite sur le canal du blâme, de la rancœur, de se dépassionner, de reprendre son souffle en si peu de temps ?

Je ne suis pas du genre à relever les défis et à rechercher les exploits ; le paradoxe consiste dans le fait de respecter le cadre défini par la loi.

En effet, dès que l'un des deux partenaires pense à la séparation, lorsque celle-ci est mise en place et que parfois la procédure est déjà engagée, quelquefois bien entendu des années après la séparation, lorsque les différends perdurent, l'une des questions qui ne sont le plus souvent posées est celle-ci : « À qui est destinée la médiation ? Il faut sûrement des gens intelligents, capables de se parler… »

Eh bien, à cela je réponds de façon assurée : non ! Bien sûr que non ! Faut-il un quotient intellectuel spécifique pour vivre à deux ? Le langage de la souffrance est-il réservé aux uns ou aux autres ?

Chacun peut y avoir accès à son rythme, avec son langage à la seule restriction, pour moi, relative à certaines situations, telles les situations appelées « états-limites » par la psychiatrie. Dans cette catégorie, on retrouve les situations de violence qui nécessitent, parallèlement à la médiation, une prise en charge spécifique, les troubles de la personnalité et les personnalités perverses.

Je n'aborde pas ici ces catégories car ce n'est pas l'objet d'étude que je me suis fixé. Je vous propose plutôt de commencer, pour entrer dans le monde de la médiation, de décrire le préalable à cet accompagnement.

L'une des toutes premières tâches du médiateur est d'accompagner le couple à comprendre comment la décision de se séparer a été prise ; ce travail s'appelle dans notre jargon le « bilan conjugal ».

Je le situe, pour ma part, en amont du processus de médiation. Il va permettre de clarifier le contexte de la séparation, de dire ce qui a été gardé « sur l'estomac » et surtout, pour les couples qui s'interrogent sur le maintien ou pas de la vie conjugale, de vérifier quelle est la meilleure solution pour eux.

Il s'agit d'une sorte de « plaque tournante ». En effet, le médiateur limitera ce travail à deux, voire trois entretiens, afin que ne s'installe pas un travail thérapeutique qui n'est pas l'objet de la médiation.

Il est fréquent de voir des couples qui nous sollicitent avec des attentes radicalement différentes : pour l'un c'est l'espoir de la réconciliation, pour l'autre c'est l'organisation de la séparation... J'ai présenté, précédemment, les étapes émotionnelles liées à la séparation et c'est bien de cela dont il est question. Avec adresse, le médiateur, tel un aiguilleur, va essayer d'équilibrer les demandes auxquelles il est confronté pour obtenir de l'une et de l'autre des deux personnes concernées de se retrouver dans leurs attentes, d'être entendues par l'autre, et de faire en sorte que chacun devienne acteur de la décision.

C'est une étape particulièrement délicate dans le cadre de la médiation familiale.

Il s'agit :

– soit d'aider le couple à vérifier sa décision et l'origine du dysfonctionnement ;

– soit de permettre, lorsque la décision de séparation est confirmée, de dénouer une situation stratifiée et faire en sorte que chacun devienne acteur, responsable de la situation, des décisions à prendre pour l'avenir, et ne soit plus victime de l'autre.

Je décompose cet accompagnement en plusieurs phases : l'histoire de chacun, le bilan familial, le bilan professionnel, l'histoire du couple, le changement de statut vers le statut parental.

Pour vous parler de ce travail, j'ai consulté de très nombreux dossiers des familles que j'ai reçues. Pour les trois quarts, ces entretiens deviennent un préalable à la médiation.

Les deux éléments du couple apprennent à se parler différemment, à s'écouter, à respecter l'expression de chacun, à ne plus utiliser l'insulte, le reproche et acceptent l'un et l'autre de continuer la médiation en signant un engagement à la médiation[1] qui concrétise la mise en place de la médiation avec l'accord de chacun.

Ce document est important à plusieurs titres. Tout d'abord, par sa valeur symbolique. Il marque le début de la trêve, la volonté de mettre fin aux hostilités, l'envie de trouver des solutions afin de sortir de cette situation de tension et de conflit.

Il est également important car il définit l'implication, les devoirs de chacun, médiateur et parents.

Enfin, important car il définit les points à négocier dans un climat de respect mutuel et pose ainsi le règlement de « cet espace où l'on ne fait pas n'importe quoi, où l'on ne dit pas n'importe quoi », comme me l'indiquait un parent.

Je rencontre, également, environ deux fois sur dix, des couples qui souhaitent revenir sur leur décision de se séparer à l'issue de ce travail et que j'oriente vers des conseillers conjugaux et familiaux, des thérapeutes de couples pour mieux

1. Engagement à la médiation, document mis en annexe du livre.

comprendre ce qui s'est passé et définir un fonctionnement différent.

Même si ce chiffre reste ténu, la question la plus posée par ces couples est celle-ci : « Qu'en serait-il advenu si nous avions continué dans le chemin de l'adversité ? »

Pour tous les autres, la médiation familiale commence, pas à pas, comme dans un labyrinthe, dans les dédales desquels il me faut trouver le fil pour les guider vers la sortie, à leur rythme, en tenant compte de leurs besoins et de ceux de leurs enfants. L'ensemble de ce travail dure environ six mois, chaque séance d'une durée de deux heures permet d'aborder, pas à pas, l'ensemble des points, des tout petits riens qui constituent le quotidien de la vie et qu'il leur faut repenser, redéfinir autrement dans ce nouvel espace familial.

La médiation familiale racontée

Qui peut être plus légitime, pour parler de la médiation et partager cette expérience, que les parents qui ont demandé un accompagnement ?

J'ai choisi trois couples, un père et une enfant, non pas que les autres n'auraient pas pu partager, mais simplement parce qu'au fil des pages, du déroulement du livre, ce sont eux qui me viennent en mémoire, qui habitent mes mots.

Leurs séparations n'ont pas le même sens, le même contexte bien entendu, et se situent dans un espace différent : au moment de la séparation, au cours d'une procédure et, pour la dernière, quelques années après. Laissons-leur la parole, pour quelques pages.

Yves ou comment faire venir l'autre parent en médiation

Yves a pris contact avec notre service par téléphone, il explique à la secrétaire qu'il veut rencontrer un médiateur. Rapidement, elle oriente l'entretien à la recherche des éléments qui lui permettent d'évaluer la situation et de vérifier s'il s'agit d'une bonne indication de médiation.

Les premières questions portent sur la situation familiale : « Êtes-vous en train de me dire que vous êtes séparé ? Avez-vous des enfants ? Comment se passe votre communication avec la maman de vos enfants ? Avez-vous engagé une procédure ? Que savez-vous de la médiation ? Pouvez-vous me dire comment vous nous avez connus ? Comment pensez-vous proposer à Madame de venir en médiation ? »

Ces éléments nous sont utiles pour un premier diagnostic. Comme dans la plupart des cas, Yves explique que la situation est totalement coincée, qu'il a du mal à voir ses enfants, qu'il souhaite sortir de cette impasse, mais que « l'autre » n'acceptera jamais de venir en médiation. « Elle n'a rien à y gagner ! » ajoute-t-il. Comment imaginer que « l'autre » puisse venir s'asseoir pour parler, négocier, quand toutes les tentatives de reprendre la communication ont échoué ?

Face à ces demandes, très fréquentes, je propose un rendez-vous, voire deux, afin d'explorer les possibilités de reprise de contact et les stratégies possibles. Lors de notre première rencontre, j'interroge Yves et de la même façon que tout autre entretien de médiation j'explique les objectifs de ce travail, les conditions de sa mise en place.

Yves parle, explique, il est séparé de sa conjointe depuis près d'une année, c'est elle qui a pris cette décision, leurs relations se sont dégradées rapidement, la procédure en cours semble le rendre fou de colère : « Comment peut-elle dire cela de moi ? Comment tous ces gens qui m'ont à peine vu peuvent-ils faire de telles attestations ? »

La dure loi de la guerre est impitoyable, chacun avance ses pions sur l'échiquier, guette les moindres hésitations de l'autre, avec une seule idée en tête : vaincre !

Lors de ce premier contact, je me fixe pour objectif d'accompagner Yves pour sortir de ce statut de victime, pour repérer sa propre responsabilité dans cette rupture.

Yves m'explique qu'il pense avoir tout tenté pour négocier, mais comment ? Je lui propose, alors, une métaphore qui m'est chère : celle de la cafetière…

La plupart du temps, cela est expliqué auparavant dans ce livre, la séparation entraîne des réactions émotionnelles qui ne sont pas en phase chez les deux partenaires, les mots dérapent, la colère n'est plus contenue et les portes se claquent au nez de toute tentative.

Et pourtant, je crois qu'il n'est pas possible de mettre ses émotions dans sa poche, d'éloigner ses blessures, mais lorsque les mots deviennent poison, celui-ci ne peut pas être partagé…

Sur mon tableau de papier, je dessine, au grand étonnement d'Yves, une cafetière, un modèle ancien, coiffé d'un filtre dans lequel on glisse un cornet de papier. Dans ce cornet est déposée la poudre de café plus ou moins finement moulue, en fonction des habitudes. L'eau versée pardessus cette poudre va, peu à peu, se transformer en ce breuvage si apprécié. Mais, car il y a bien un mais, il faut une certaine dextérité pour extraire le cornet de papier sans le déchirer, pour le déposer dans la poubelle… et ce n'est qu'après cette opération que l'on peut proposer à « l'autre » une tasse de ce breuvage. Il peut être trop fort, trop délayé, trop amer, trop… mais au moins vous ne risquez pas de voir s'étrangler votre interlocuteur.

Il semble que cette opération, des plus banales, puisse se transformer en catastrophe par trop de précipitation !

Eh bien, il me semble que l'écriture, dans un contexte émotionnel important, c'est pareil : les mots qui viennent en premier sont ceux de la colère, de la tristesse, de la peur... alors ils peuvent être posés, sans aucune restriction, tous pêle-mêle, et cela soulage, plutôt que de contrôler, car tôt ou tard ils partent comme un jet !

Une fois terminée, une fois les rancœurs posées, cette feuille chargée de mots va, comme le filtre de papier, être mise à la poubelle... pour permettre une deuxième écriture, qui prendra en compte les éléments explorés par Yves, pour essayer de faire venir la mère de ses enfants en médiation.

Le deuxième temps de ce travail va consister à reprendre par écrit sur mon tableau les éléments qui, d'après Yves, permettent de lister les avantages ou les réticences, pour lui mais aussi pour la mère de ses enfants et enfin pour ces derniers, à accepter une médiation.

Très souvent le parent qui sollicite mon intervention est très prolixe quant aux avantages pour lui ; en revanche pour l'autre il semble que la colonne des inquiétudes soit beaucoup plus longue, en dernier lieu peu de désavantages émergent de la colonne des enfants.

Peu à peu, en regardant ce tableau, des pistes s'ouvrent, des éléments peuvent être cernés par Yves, qui accepte de prendre le temps d'écrire, après avoir réfléchi, à son rythme.

Les mots sont étonnants, dans cet exercice ; persuadé qu'il puisse être seul à trouver un avantage à la médiation, Yves laisse émerger ses propres peurs, ses inquiétudes et finit par accepter que ce n'est une démarche facile pour personne, et pourtant les enfants ont tout à gagner au fait que le combat s'arrête, le temps d'un armistice, avant de vérifier qu'un traité d'accord puisse être signé !

Nous abordons, à ce moment de l'entretien, le dernier tournant : qui peut aider Yves, dans son réseau familial, amical, social, à prendre contact avec la maman de ses enfants et tenter une première approche vers la médiation ?

L'objectif de cette réflexion est d'aider à reprendre appui, contact, avec l'environnement et de pas se laisser enliser dans le repli, la solitude.

Après une heure trente d'entretien, Yves repart, beaucoup plus confiant et pourtant ses certitudes du départ ont été ébranlées, modifiées.

Je lui propose un deuxième rendez-vous mais plus tard, lorsqu'il aura eu le temps d'essayer de mettre en place ce contact.

Environ deux fois sur trois le second conjoint finit par se manifester ; je le (la) recevrai, seule(e), afin de prendre le temps d'établir un contact et d'éviter le fantasme d'une alliance avec le premier qui m'a rencontré.

Ces résultats sont importants, d'où la nécessité de prendre le temps de solliciter un médiateur le plus tôt possible, avant que la situation ne s'emballe, car le travail pour défaire les nœuds sera alors plus long !

Agathe qui ne voulait plus voir son père…

« Je ne veux plus voir mon père, je ne veux plus c'est tout… » Premiers mots, lâchés, hurlés, jetés sur le tapis de mon bureau… Cris d'une adolescente de treize ans qui s'est emmurée dans sa souffrance, qui préfère couper sa relation avec son père, peut-être pour que cessent les disputes, les conflits et qu'enfin elle puisse grandir loin de ce tumulte, puisque la tornade perdure et perdure encore.

Des hypothèses se posent pour moi : qu'y a-t-il donc derrière ce cri ? Une souffrance, bien sûr, mais de quelle nature ? Celle de sa mère, reprise à son compte, en loyauté, pour lui signifier qu'elle ne l'abandonne pas, ou est-ce son propre désir ?

Agathe se tient là, debout devant moi. Hélène, sa mère, m'adresse un regard… Que me faut-il y lire ? La parole vient pour donner sens à ce regard : « Vous savez, moi je n'y suis pour rien, c'est elle qui ne veut plus voir son père. »

Combien de fois ai-je entendu cela ? Et c'est vrai, c'est bien l'enfant qui pose ces mots, qui met à distance l'un de ses deux parents, mais comment ? et quelles sont les conséquences de cette absence, de cette rupture ? Un enfant, même adolescent, peut-il « divorcer » de ses parents, pour combler la souffrance de l'un d'entre eux ?

Quel est le prix à payer pour trouver la paix, pour que cesse le conflit ? Cette césure, qui clive l'enfant en deux entre ses deux lignées, est-ce juste de la lui laisser porter ?

Voici ce premier entretien : « J'ai treize ans, tout allait bien chez nous, bien sûr, mes parents se disputaient de temps en temps, mais nous étions une famille, une vraie famille, et puis il y a eu ce jour… Ce jour où je les ai entendus crier plus fort, très fort : "Je ne t'aime plus, hurlait mon père, je veux partir, elle au moins…" Il est parti, comme cela, il nous a abandonnées. Pour une autre, il s'occupe de ses enfants…

L'autre je la déteste, ma mère n'a pas mérité cela ! Heureusement, elle, elle est toujours là, elle pleure, elle est triste, à cause de lui !

C'est dégueulasse, même ses parents disent que c'est leur fils, qu'ils n'y peuvent rien ! Moi je ne veux pas accepter, je ne veux plus le voir, il *nous* a trahies, je ne veux pas, je ne veux pas, c'est tout ! »

Agathe pose ses mains sur ses oreilles, me montrant, si je ne l'avais pas encore compris, qu'elle ne m'écoutera pas.

Agathe, comme de très nombreux enfants, adolescents, se trouve coupée de relations avec le parent avec lequel elle ne vit pas au quotidien : son père.

La blessure laissée par la séparation de ses parents n'est pas cicatrisée, Agathe n'a pas pu, encore, entrer dans cette phase du deuil de la séparation. Cette impossibilité vient, vraisemblablement, du fait que cette séparation n'a pas été acceptée, dépassée, par sa mère. La plupart du temps, lorsque la souffrance d'un parent est trop grande, l'enfant la prend à son compte, il devient le « chevalier » de ce dernier, au risque de se perdre lui-même.

Agathe a demandé à être entendue par le juge aux affaires familiales, pour lui expliquer qu'elle ne veut plus rencontrer son père, mais surtout la compagne de celui-ci, qu'elle désigne comme la « bête noire », celle qui est la cause de cette séparation.

Suite à cet entretien, le juge aux affaires familiales a proposé à Agathe et à ses parents de venir me rencontrer.

Je commence à parler en m'adressant à Agathe, je rassure, je nomme ce que j'entends, j'explique que je comprends la souffrance d'Agathe mais qu'il me faut voir ses parents, ensemble... Cela afin de permettre à Agathe de se dégager d'un conflit qui n'est pas le sien, et à ses parents de reprendre leurs rôles, de retrouver leurs responsabilités.

Ils acceptent, les voici dans mon bureau, c'est la première fois qu'ils sont là, côte à côte, depuis plus d'une année.

Pas à pas, nous allons, ensemble, tenter de démêler ce méli-mélo familial.

Ensemble, dans un premier temps, nous reprenons leur histoire, leur rencontre, les valeurs qui ont fondé leur couple, les relations avec leurs familles respectives, l'arrivée d'Agathe, puis des deux autres enfants, leur rôle de parents…

Hélène, la mère, est nouée, la colère, la souffrance obstruent sa capacité à parler : « Je ne comprends pas, pourquoi, pourquoi ? »

Le travail débute par la possibilité, pour chacun, de poser des mots sur la séparation. Ils ne peuvent pas s'écouter, parlent en parallèle, cherchent la faute de l'autre, justifient leurs attitudes…

Pas à pas, je vais les accompagner pour devenir cet « allié commun pour deux personnes en conflit », comme le dira, plus tard, Hélène ; ils vont l'un et l'autre apprendre à s'entendre, à entendre la souffrance de chacun, à l'accepter, à poser des mots sur les non-dits.

Ils acceptent de continuer ce travail : « Uniquement pour Agathe, mais moi je n'ai rien à faire ici, je n'y suis pour rien, s'il n'est pas capable d'avoir une relation avec sa fille… » et la bataille repart de plus belle : « C'est toi qui la montes contre moi, et tu le sais… »

Il me faut alors être ferme, reprendre les objectifs de ce travail, rappeler les règles. Le calme revient, je fais la synthèse de ce que j'ai entendu, la leur propose ; que veulent-ils faire de ce conflit ? Eux seuls peuvent le décider.

J'explique que je verrai Agathe, en leur présence, mais pas s'il s'agit de rejouer sous ses yeux un scénario qu'elle connaît par cœur, celui de l'agressivité, celui de la colère, celui de la guerre !

Hélène intervient : « Je suis bien obligée de continuer, sinon il va s'en servir devant le juge ! »

Non, personne n'est obligé de continuer en médiation, chacun peut à tout moment décider d'arrêter, le caractère volontaire de la médiation est le socle de sa mise en place. Et je peux comprendre combien il est, parfois, insupportable d'être là, face à « l'autre », celui ou celle par lequel la souffrance est venue !

Et pourtant, la médiation va les aider prodigieusement, leur permettre de sortir du rôle de victime, de retrouver leur dignité, d'être reconnu face à l'autre, de renforcer le statut de parent sans attendre, même si cela est souvent inconscient, que l'enfant porte le flambeau de la famille en déliquescence !

Après avoir signé un engagement de médiation, ils vont travailler, sous ma conduite, à définir les besoins de leur enfant, les difficultés qu'ils rencontrent, mettre en place les repères d'une parentalité qu'il leur faut réinventer.

Ils organisent les relations d'Agathe avec son père en prenant en compte le fait de cette interruption qui dure depuis bientôt cinq mois, ils nomment la nouvelle compagne, la sorcière sort du placard !

Hélène peut dire ses craintes d'être « remplacée » par une autre, Alexandre accepte et reconnaît ses craintes, il dit qu'il aurait préféré que tout se passe mieux, qu'il comprend mais qu'il veut continuer à être auprès de sa fille.

L'un et l'autre conviennent du besoin d'Agathe de retrouver ses relations avec son père. Ils décident d'une première rencontre, après qu'Alexandre a écrit à sa fille ; ce moment se fera en dehors du domicile d'Alexandre, au restaurant, pour se retrouver et commencer à parler.

Agathe est adolescente, ses sorties avec ses amis comptent pour elle, même si depuis plusieurs mois elle se renferme beaucoup.

La souplesse pourrait qualifier le mode de règlement des relations qu'ils décident d'adopter. Alexandre explique sa difficulté de voir si peu sa fille ; faut-il imposer un rythme, apprivoiser sa fille ? Ils décident qu'Hélène parlera à Agathe, lui dira que ces accords ils les ont définis ensemble, les deux parents.

Des règles s'établissent ; parmi elles : ne pas prendre à partie Agathe dans leur conflit, laisser un libre accès à Alexandre pour écrire ou téléphoner à sa fille, ne pas injurier ou dévaloriser l'autre parent devant Agathe, commencer à prendre des décisions ensemble, aussi infimes soient-elles !

Grand jour, dans notre travail : ensemble Hélène et Alexandre vont venir avec Agathe pour lui annoncer les décisions qu'ils ont prises.

Elle entre la dernière dans mon bureau, se tourne, résolument, vers sa mère, refuse de parler, colle son baladeur sur ses oreilles. Les craintes sont là, à tout instant, tout peut craquer, tout ce travail réduit en poussière… Comment pouvons-nous lui faire croire qu'elle peut avoir un tel pouvoir ?

Elle le sait, elle l'a expérimenté tous ces derniers mois, et il lui faudrait modifier cela ?

Ils le savent, elle va vérifier la solidité de leur rôle, vérifier qu'elle puisse prendre appui sur ses parents, accepter qu'elle ne peut pas décider pour eux, qu'elle ne peut pas dire la loi !

Ce n'est pas gagné. Alexandre commence : « Je sais, je n'ai pas été malin, je n'ai pas su te parler, j'aurais dû te dire… Tu es ma fille, je veux continuer à m'occuper de toi… »

Agathe fait mine de ne pas entendre, tout à coup elle ôte ses écouteurs, la colère surgit, torrent retenu depuis si longtemps !

Hélène et Alexandre prennent la mesure du désespoir de leur fille ; pour la première fois depuis longtemps, ils sont là, tous les deux, auprès d'elle.

Durant ces instants, je n'interviens pas, cette histoire est la leur, elle ne m'appartient pas.

Quelques séances vont suivre cet entretien, épuisant disent les deux parents. Alexandre ravale sa frustration, Agathe a accepté de le voir « une fois, mais c'est tout » a-t-elle dit. Il aurait tant voulu que cela se passe autrement !

Ils terminent cette médiation en prenant des décisions : Alexandre va se mettre en rapport avec le collège d'Agathe, rencontrer les enseignants, recevoir, comme tout parent, le bulletin scolaire de sa fille, inscrire ses coordonnées sur les documents administratifs, retrouver sa place de père.

Tout n'est pas réglé, la médiation n'est pas un espace magique, mais c'est un départ, ils rédigent, ensemble, assis à la même table, la liste de leurs accords, la signent. Elle est la trace de ce travail. Hélène déclare en toute fin d'entretien que ce fut important, qu'elle sait qu'elle ne peut pas être seule aux côtés d'Agathe, mais qu'il lui faut encore du temps pour accepter ce départ.

Quelques mois après, Alexandre m'a contacté, ses relations avec Agathe se rétablissent ; après un repas, ce fut un après-midi, une journée, puis enfin une fin de semaine !

Que d'efforts pour permettre la convalescence d'une relation rendue malade par cette rupture...

Il est indispensable de déculpabiliser les enfants de la séparation de leurs parents, de ne pas leur laisser porter le poids de la souffrance des adultes et surtout de ne pas leur laisser croire qu'ils pourront grandir « sur un pied » en mettant l'un des deux parents de côté. Cela reviendrait à renier une partie d'eux-mêmes. Pourtant le nombre d'enfants, d'adolescents qui finissent par rompre ces relations est considérable ; peuvent-ils faire autrement lorsqu'ils sont englués dans le conflit ?

Lorsque je rencontre pour la première fois Pierre et Mary, je ne sais rien de leur histoire, seulement que Mary est à l'initiative de cette demande de médiation. Dès leur entrée dans mon bureau d'entretien, je perçois une grande tension chez cette jeune femme : d'un physique très longiligne, presque enfantin, elle tient enfoncée sur sa tête une casquette de paille, des lunettes de soleil masquent ses yeux. Pas un regard n'est échangé avec Pierre.

Pierre, plus « arrondi », semble plus âgé, une allure qu'il essaie de décontracter, sa cravate défaite tente de masquer sa difficulté d'être là. J'ai pu l'apercevoir, quelques minutes auparavant, arpenter la salle d'attente, pourtant très réduite... Nous sommes installés, à distance égale, presque de façon équilatérale, sans bureau entre nous. Les premières minutes sont importantes, un contact qui passe par un silence. Silence !

Quel sens a-t-il pour chacun ?

Pour Mary qui se cramponne à ses lunettes, le visage rivé sur le mur d'en face, pour Pierre qui semble rechercher mon soutien et dont le regard tente de s'accrocher au mien. Pour moi ?

Pour moi, accepter ce silence, m'y plonger, me permet de trouver le rythme, le diapason qui donnera le juste ton pour cette histoire-là, différente et singulière !

Du silence, lourd et difficile pour l'un, rageur et vengeur pour l'autre, nous passons aux premières paroles. Peu à peu, je pars à la collecte de l'histoire, m'adressant à l'un tout en soutenant l'autre d'un geste, d'un regard, et rapidement c'est le feu d'artifice, le bouquet final au beau milieu des premières minutes. Les mots se bousculent, ils sont blâmes, reproches, acérés ; Mary les assène les uns après les autres, point par point. Pierre, assailli, réagit, demande mon aide, cherche une alliance, moi qui suis la « professionnelle de la séparation » !

Pierre, à son tour, et par-dessus les mots de Mary, crie sa douleur, exhibe ses blessures sur le champ de bataille d'une relation qui se termine, d'un territoire conjugal dont il est chassé, esquissant une stratégie de défense : « Je t'ai fait venir de chez toi et à présent tu me chasses de chez moi, bien sûr je suis trop vieux pour toi ! »

Le décor de la médiation est posé : deux individus qui me parlent l'un et l'autre d'une histoire qui se veut commune mais cryptée de façon différente, des histoires et des représentations familiales qui se croisent et s'entrechoquent.

Le ballet commence, je conduis les pas de chacun, pose les règles : se laisser parler, écouter l'autre, accepter peu à peu que chacun donne ici sa propre histoire, la façon dont il l'a vécue, sans qu'il y ait un menteur et l'autre qui détienne la vérité.

Les deux premiers entretiens vont me permettre, tout d'abord, d'informer sur la médiation, d'interroger sur ce que chacun sait ou imagine de ce travail, des séances à venir, de la confidentialité de cet espace, de mes contacts avec l'extérieur, de la place de la parole de leur petite fille, puis d'aller à leur rencontre, de savoir qui ils sont, comment ils se sont rencontrés, ce qui a guidé leur choix de vie commune.

Il me faut être vigilante, chacun m'attend, me demande. Pour Pierre, c'est l'espoir que Mary revienne sur sa décision. Recroquevillé dans sa douleur, il ne peut faire autrement que de donner à voir l'image de sa souffrance. Pour Mary, c'est la recherche d'une alliée qui peut comprendre « ce que j'ai vécu avec lui et pourquoi je pars aujourd'hui… Regardez ! » me dit-elle.

À l'issue de ce premier entretien, après avoir vérifié leur accord pour continuer, je leur remets, à chacun, un engagement à la médiation, contrat qui nous engage les uns et les autres dans le respect des règles de ce travail.

Chaque fin de séance est l'occasion de préparer la suivante, chacun de son côté. Je leur donne des indications relatives à un thème, un travail, des renseignements à obtenir auprès d'experts, cela dans le but de les laisser totalement autonomes et de vérifier, par eux-mêmes, si leurs demandes sont conformes avec leurs intérêts.

Ce va-et-vient entre la médiation et l'extérieur est important, il confirme les fonctions de chacun : moi en tant que médiateur, les experts à l'extérieur : avocats, fiscalistes, médecins, enseignants, notaires…

Chacun, tour à tour, a pu expliquer comment il va vécu la décision de la séparation.

Pour Mary, c'est un long chemin en solitaire qui l'a conduite des premiers instants fusionnels à la désillusion d'une complétude ou d'une incomplétude à trouver avec elle-même et non pas avec l'autre.

Au bout de ce chemin escarpé, difficile, souvent jonché de culpabilité, au bout de ce chemin, la certitude de devoir partir, non pas pour quitter, mais parce que l'autre l'a déjà quittée d'une tout autre façon, renvoyée au niveau de la déception.

Pour Pierre, c'est le monde qui s'effondre, c'est la nuit en plein jour, c'est l'incompréhension, c'est ne plus savoir que faire de « cet amour dont j'ai plein les mains et qui ne sert plus à rien ». Le seul refuge est d'être reconnu comme victime de cette jeune femme qu'il dit « trop belle » pour lui et sa demande qu'au moins « on » lui laisse leur petite fille, Lisa, quatre ans, puisque c'est tout ce qu'il lui reste de leur amour et que sans elle la terre s'effondrerait : « Je ne mérite pas cela ! »

Peu à peu, pas à pas, séance après séance, je vais les accompagner dans ce méli-mélo des premiers instants, les cris, les larmes, les blâmes vont être proposés sur un autre mode, la communication se caler sur un autre canal : celui de l'expression de ses besoins, non exprimés dans les premières rencontres si ce n'est par l'agressivité, la colère, ou le désespoir.

L'expression de ces états est verbalisée par des positions qui se rigidifient, qui obstruent les émotions, les besoins de chacun : « Je veux parce que j'ai le droit » ; du droit au besoin, le chemin est escarpé.

Je déroule le processus de la médiation progressivement, étape par étape, phase par phase et, après avoir défini les différends, je vais aider Pierre et Mary à identifier les points qu'ils souhaitent négocier : leurs places respectives auprès de Lisa, afin de définir leurs rôles en tant que parents, la répartition de leurs biens, leurs budgets respectifs, et enfin leur engagement réciproque pour subvenir financièrement aux besoins de Lisa.

Le cadre est posé, les règles sont fixées. Plus les repères volent en éclats, plus il me faut être vigilante sur la rigueur de ce travail. Les risques de dérapage vers un accompagnement thérapeutique sont présents ; l'empathie du médiateur peut le laisser craindre, mais les sujets traités vont peu à peu ramener Mary et Pierre à une autre réalité : celle du quotidien, celle de leur fille, celle de leur place respective auprès de cette enfant, celle de la définition de leur fonction de parents et des responsabilités que la loi leur demande d'assumer.

Pas à pas, ils vont accepter que la relation conjugale se défasse, confrontation à la réalité qui, pour beaucoup d'hommes et de femmes, marque le début de la période d'acceptation de cette séparation mais qui demeure, néanmoins, remplie de souffrance.

Les quatre entretiens suivants sont consacrés à leur place de parents, ils vont ensemble explorer tous les petits riens, les petites choses de la vie quotidienne de Lisa : tout d'abord, définir leurs valeurs éducatives, celles qu'ils vont transmettre à Lisa, puis leurs places à l'école, décider des loisirs de Lisa, échanger sur sa santé, le médecin, les traitements éventuels, puis sur leurs attentes face à la religion. Pierre voudrait que Lisa soit baptisée, Mary s'y refuse. Ils échangent, confrontent, négocient pour arriver à décider ensemble : un baptême, oui, si les parrain et marraine remplissent un rôle affectif, éducatif, de soutien pour Lisa. La date est fixée, le choix des personnes, le lieu. Ouf, un point de réglé !

C'est par l'apprentissage de leur capacité à pouvoir négocier que la médiation prend place : accepter les différences, ne pas porter de jugement, pouvoir se « décoller » de l'expression d'une position qui se justifie dans la perte, collée à la souffrance, au fait qu'ils savent l'un et l'autre comment atteindre l'autre, et par cet effort qui les mène à se désaxer pour regarder, ensemble, les besoins de Lisa, mais aussi à exprimer leurs propres besoins en anticipant sur l'avenir.

Point par point, ces négociations deviennent un apprentissage, le climat se détend, même s'ils restent sur leurs gardes, prêts à bondir à tout instant. L'équilibre est instable, fragile, et nous pouvons atteindre l'accueil de Lisa chez l'un et l'autre de ses parents lors de la cinquième séance.

Négociation difficile qui rappelle le renoncement, le fait que chacun d'entre eux doit apprendre à ne plus vivre au quotidien avec son enfant. Moment de tensions, de stratégies qui se déploient !

Tout au long de ces entretiens, je note, sur mon tableau de papier, leurs décisions qu'ils expérimentent entre deux séances pour pouvoir être réajustées, re-négociées en fonction de la réalité.

Le principe qui se dégage de leur négociation est la nécessité, pour Lisa, de maintenir une relation fréquente et assurée avec chacun de ses deux parents ; ils affinent alors cette décision et la répartissent sur un calendrier agrandi, définissant ainsi, par eux-mêmes, le temps passé chez l'un et chez l'autre.

Ce long travail, basé sur les besoins de Lisa, avec l'apport extérieur d'un pédiatre qu'ils sont allés rencontrer chacun de leur côté, rend possible une définition des temps passés chez l'un et l'autre, en fonction des besoins de Lisa et non plus en fonction de leur angoisse, réciproque, de perdre cette relation.

Viennent ensuite les entretiens où l'on parle d'argent…

Les comptes se soldent, les comptes se règlent : une petite cuillère pour moi, une demi-cuillère pour toi !

D'ailleurs, c'est bien connu, quand on s'aime on ne compte pas, mais... quand on ne s'aime plus... on compte deux fois, voire trois fois plus...

L'argent, les meubles, les photos, tout s'en va, ce qui a été le foyer réparti... Et la maison ? Qui la garde ? Comment ?

Nouveau tournant de la médiation, combien de fois, à ce stade, me suis-je dit : « C'est raté ! »

Et puis cela repart, les décisions s'esquissent, s'affinent, s'affirment !

Tout d'abord un long inventaire est dressé, pièce par pièce, avec les valeurs marchandes, mais aussi la valeur affective allouée à chaque objet, car c'est bien là que la négociation sera la plus délicate.

Les justificatifs sont là, les experts ont été consultés et la longue marche de la négociation s'enclenche.

Après trois séances, des allers-retours vers leurs avocats, la décision est prise : la maison sera vendue, les sommes qui reviennent à chacun sont différentes, du fait des apports personnels et du fait de la situation financière actuelle de chacun.

Puis c'est le budget de chacun qui est exploré, des rubriques identiques sont prises en compte, pour chacun, pas de justificatif des modes de vie actuels, mais une égalité dans la prise en compte des ressources et des dépenses incompressibles : loyer, EDF, téléphone, impôts...

Enfin, c'est le moment, pour les deux parents, de calculer le budget de Lisa, en référence aux décisions qu'ils ont établies en regard des loisirs, de l'école, de la santé.

Puis, en prenant en compte le budget alimentaire investi par chacun lors de l'accueil de Lisa, les prestations familiales, mais aussi le budget de chacun des deux parents, je leur propose un mode de calcul ayant pour base le principe de la proportionnalité, pour définir leur participation réciproque au budget de Lisa.

Ainsi travaillés, dans la plus grande transparence, les fantasmes tombent : « Il » lui donne de l'argent, qu'« Elle » utilise on ne sait trop à quoi, mais les éléments sont là, renforçant ainsi la responsabilité de chacun face à Lisa. « Elle » ne lui fait pas « payer » ses désillusions conjugales, « Il » ne lui fait pas « payer » son abandon !

Les parents peuvent alors décider des modes d'utilisation de ces sommes ; certains médiateurs familiaux proposent aux parents soit que l'un des deux verse cette somme à l'autre qui gère alors le budget de l'enfant, soit de prendre en charge, par lui-même, une série de rubriques (les vêtements, la scolarité, les loisirs...), soit encore d'ouvrir un compte bancaire au nom de l'enfant, où chacun verse sa participation et qui est géré par les deux parents.

Pour moi, cette dernière proposition représente un maintien du lien trop fort des parents, mais il est vrai que certains parents l'utilisent avec satisfaction.

Je mets, pour ma part, en corrélation les typologies déclinées dans le livre avec ce mode de définition de l'utilisation de l'argent. Ainsi un couple que je classe dans le groupe complémentaire optera pour la gestion du budget de l'enfant par un seul des deux, pour les parents symétriques ce sera, souvent, une ventilation et une répartition des prises en charge des différentes rubriques…

À l'issue de quatre mois, Pierre et Mary ont tissé un nouveau code : celui de leurs relations de parents. Ils ont fait le constat que la séparation était inéluctable mais, pourtant, s'ils ont pu trouver des accords concernant la mise en place de nouveaux repères de cet espace familial qui suit la séparation, je sais bien que ce n'est pas au sein de la médiation qu'ils pourront donner sens à cette étape de fragilisation, de perte.

Lisa est venue, accompagnée de ses deux parents, pour les entendre lui expliquer comment concrètement elle allait continuer à pouvoir vivre avec chacun d'eux.

Cet entretien permet à l'enfant de visualiser ce lieu, dont ses parents lui parlent, de mettre un visage sur mon nom et, pour moi, de proposer ensuite, si besoin est, aux parents de lui permettre d'être acccompagnée, à son tour, par un autre professionnel. Cela n'est pas le cas pour Lisa qui semble aller très bien.

Ils sont repartis en signant chacun le document que nous avons rédigé ensemble point par point. Le nouveau règlement familial s'est inscrit.

Ils ont décidé de divorcer de façon consensuelle, sans conflit : « Pour ne pas en rajouter », précise Pierre. Chacun a remis cet écrit à son avocat afin de le soumettre au magistrat qui rendra officielle leur séparation.

Entre cris et blessures, pleurs et blâmes, les mots se disent, les mots s'entendent avant de pouvoir être guidés par le médiateur pour permettre leur émergence et faire que Pierre et Mary se quittent en se regardant différemment, en ayant accepté de perdre une partie de leurs prérogatives du départ, pour trouver des accords acceptables pour chacun.

Xavier et Isabelle

Ils sont là, face à moi, tournant habilement leurs chaises pour fuir le regard de l'autre, ils se parlent, ou plus exactement ils me parlent en désignant l'autre par des « Madame », des « Monsieur »... Ils se parlent à travers moi.

Xavier et Isabelle ne sont pas mariés et ont vécu ensemble pendant dix années, ils se sont séparés il y a un an.

Dans un premier temps, juste après leur séparation, ils se sont débrouillés pour organiser l'accueil de leur fils, Eliot, qui avait sept ans, mais rapidement les tensions se sont amplifiées, ils

« s'échangent » leur fils sur fond de cris et de disputes…

Isabelle a saisi le juge aux affaires familiales : « Pour que cela cesse, je n'en peux plus. Eliot pleure trop souvent, à l'école c'est la catastrophe, je préfère qu'il ne voie plus son père… D'ailleurs, avec mon nouvel ami ça se passe très bien ; voir son père, d'accord, mais pas trop souvent… »

Xavier lui décoche un regard rageur, se reprend et m'indique clairement : « Je suis là uniquement parce que le juge l'a décidé, je n'ai rien à vous dire ; voilà, maintenant il faut faire appel à des étrangers, on aura tout vu ! Quand je pense qu'on ne s'est pas mariés pour éviter cela ! Il n'y a rien à dire, c'est impossible de se mettre d'accord avec elle ! » ; il se tourne vers elle : « Tu la veux la guerre, allons-y, tu vas l'avoir, tu vas le regretter ; si tu crois que tu peux m'empêcher de voir mon fils, tu te trompes, tu ne peux pas faire la loi à toi toute seule… »

Et c'est parti ! Au travail…

Dans un premier temps, j'énonce les règles, je rappelle que leur présence leur appartient, que personne ne peut les contraindre à être là, à rester, mais je les remercie de l'avoir fait. Quelles sont les autres perspectives ? Continuer le combat ? Jusqu'à quand ? Dans quel but ? De toute façon, je n'ai pas d'inquiétude sur leurs compétences à se battre, la démonstration vient d'être faite sous mes yeux !

Je suis obligée d'être ferme, directive, de recadrer notre tâche, de rappeler les objectifs, cette première séance est capitale pour la suite du travail. Mon rôle est fixé sur le fait de les amener sur un point, un seul, aussi minime soit-il, à mettre en œuvre leurs capacités à pouvoir échanger, à négocier.

Avec précision, je reformule les paroles de l'un et l'autre, je fais clarifier, j'interviens pour demander de ne plus utiliser de menaces… Peu à peu, le calme revient, ils me testent, vérifient si je peux contenir leurs colères.

Examen de passage légitime qui met à l'épreuve la solidité du médiateur. Il est en effet, Xavier a raison, peu commun d'accepter l'intervention d'un tiers extérieur pour aider à cette régulation, d'autant que Xavier ne s'approprie pas cette démarche.

Je reprends les propos de Xavier : il m'appartient en tant que médiatrice de donner de l'information sur des points juridiques, psychologiques mais jamais de conseils. Le code de déontologie auquel je me réfère le stipule clairement [1]. « Xavier, vous avez évoqué le fait qu'Isabelle ne pouvait pas faire la loi concernant vos devoirs et vos droits vis-à-vis d'Eliot ; que savez-vous exactement par rapport à cela ? Et vous, Isabelle ? »

Depuis 1993, la loi permet aux parents non mariés d'exercer en commun l'exercice conjoint

1. Voir, en annexe 4, le code de déontologie de l'APMF.

de l'autorité parentale concernant les enfants communs, mais sous certaines conditions, notamment : justifier d'une communauté de vie au moment de la reconnaissance de l'enfant. Bien entendu, les deux parents doivent avoir reconnu leur enfant. Certains parents demandent auprès du greffe aux affaires familiales un justificatif de cet acte.

Mais, dans le cadre de mes fonctions, en qualité de médiateur, je renvoie les deux parents rechercher, par eux-mêmes, cette information.

À la fin de ce premier contact, chacun d'entre eux me confirme son accord pour continuer le travail. Dès lors, je confirme par courrier au magistrat que la médiation a bien commencé. Ce courrier est adressé à chacun des deux parents, par souci de transparence.

À aucun moment je ne rends compte du contenu de ces entretiens, ils restent totalement confidentiels, ils appartiennent à Xavier et à Isabelle. Quand bien même l'un ou l'autre, les deux ou moi-même décideraient de mettre un terme à la médiation, cela leur appartiendra, le juge sera, alors, uniquement informé de la fin de la médiation, sans autre élément.

Ce temps de la procédure suspendue, cette parenthèse du conflit, garanti par la confidentialité, permet que s'échangent tous les propos, que se disent les rancœurs pour pouvoir les dépasser et leur donner la possibilité de regarder devant eux. Sans gagnant, sans perdant, ou plus exactement en consentant l'un et l'autre à perdre le quotidien de leur vie avec Eliot et à accepter le renoncement de cette histoire qui s'arrête.

Lors des quatre entretiens suivants, nous aborderons ensemble leurs responsabilités parentales. Après de longues discussions, Xavier et Isabelle décident d'un mode d'accueil pour Eliot.

Eliot leur a montré, à sa façon, sa tristesse, sa colère de les voir se battre ainsi au-dessus de sa tête, comme s'il était un jouet, un objet. Il a bien compris, Eliot, du haut de ses six ans, qu'il était un enjeu de cette guerre, il a bien vu la tristesse de son père et savamment il va cliver, couper ses « deux vies », celle avec sa maman et son compagnon, celle avec son père dans la maison de ses premières années.

Que d'efforts pour lui juste au moment où il a besoin de toute son attention pour apprendre à lire, à écrire, à compter…

Compter, c'est déjà fait, comme au foot, un but partout ; ah, ça, ils sont forts, les parents, au jeu de celui qui marquera le premier le plus fort !

Xavier et Isabelle parlent de leur fils, de ses besoins, de ses difficultés, ils sont prêts à rechercher des solutions, mais pas encore à lâcher prise, de peur que « l'autre » ne s'arroge tous les droits.

Pour moi, il va s'agir de vérifier, avec eux, que cette proposition n'est pas uniquement celle de leurs propres désirs, qu'elle correspond bien aux besoins d'Eliot.

Peu à peu, ils démêlent, ils trient leurs propres peurs et celles d'Eliot, leurs besoins de parents et ceux d'Eliot.

Eliot a besoin de l'un et de l'autre, la complicité qui existe avec son père ne peut pas être niée, le besoin d'être avec sa mère non plus… Alors ? Le couper en deux ? Faire disparaître l'un des deux parents ?

Les enfants sont étonnants, ils ont des compétences bien plus grandes mais il ne faut pas en rajouter ! Les enfants, bien plus que la séparation, ne peuvent pas accepter les conflits qui perdurent, la question qui leur vient est d'une logique à toute épreuve : « S'ils continuent à se battre, alors pourquoi se sont-ils séparés ? »

Xavier et Isabelle énoncent leurs propositions. Sur le tableau de papier, je trace un calendrier ; des couleurs différentes permettent de repérer les propositions et le temps d'Eliot passé chez l'un et l'autre.

Peu à peu se dégage une solution commune, Eliot va vivre une semaine chez l'un, une semaine chez l'autre. Pour cette proposition qui semble recueillir leurs suffrages, je propose à Isabelle et à Xavier de pouvoir en parler avec un autre professionnel. Lequel ? Ils se mettent d'accord sur la personne du pédiatre ; de mon côté je leur indique des éléments de lecture.

Je leur présente des réflexions d'Hubert Montagner[1] sur ce thème. En effet, la résidence alternée a été très controversée ; elle nécessite de la part des parents une planification, une souplesse et notamment le fait de la scolarisation en un même lieu, de la proximité pour l'enfant des copains, de son environnement familier.

Au travers de mon expérience, j'ai pu noter que cette forme d'accueil des enfants convient tout à fait aux plus jeunes, elle permet de s'imprégner de l'un et l'autre des parents, de s'insérer dans leur double filiation. Cependant, les enfants devenus adolescents manifestent, parfois, le besoin d'une seule maison, le groupe social des copains devient plus important, la difficulté pour eux d'exprimer ce besoin se trouve dans la peur de créer un nouveau conflit entre les parents, d'avoir à être instrumentalisé une fois de plus et de s'entendre dire : « C'est l'autre qui t'a monté la tête ! »

Au risque de se perdre eux-mêmes, ils acceptent alors soit d'entrer dans le silence, soit de rompre de façon brutale avec l'un des deux parents.

Isabelle et Xavier reviennent la semaine suivante, le plan d'accueil se peaufine, s'affirme,

---

1. Livre déjà cité : *L'Enfant acteur de son développement*. Hubert Montagner est directeur de recherches à l'INSERM. En 1995, lors d'un colloque sur le thème de la résidence alternée, il a développé sa thèse relative à la nécessité de prendre en compte le rythme biologique des enfants.

et nous passons en revue tous les détails qui leur permettront d'être parents au quotidien.

Prochaine étape : l'argent ! Nous repartons pour un nouveau voyage au cœur du conflit.

Là encore, c'est pas à pas que la situation se démêle, se défait, s'ajuste.

Tout d'abord, la répartition de leurs biens. Isabelle et Xavier n'avaient pas de biens immobiliers en commun mais une foule d'objets, de meubles, tous remplis de souvenirs, de tendresse.

Ils ont acheté ensemble une voiture, une Renault Twingo, « encore neuve », précise Xavier.

Ce travail va être réalisé méthodiquement en listant tous les objets, leur valeur lors de l'acquisition, leur valeur aujourd'hui, avec l'aide extérieure d'experts. Chacun va ensuite indiquer, sur le tableau de papier, ses choix. Une évaluation des prix est établie, ils définissent les modalités de partage, les règles. Pour Isabelle et Xavier, ce sera moitié-moitié. Xavier garde la voiture, s'engage à apurer le crédit en cours. Isabelle, de son côté, va reprendre des appareils ménagers, du mobilier pour le même montant.

Les objets convoités par l'un et l'autre sont mis en discussion, que représentent-ils pour chacun ?

Ce long travail de fourmi terminé, nous examinons le budget de chacun d'entre eux ; leurs ressources sont identiques : Isabelle est documentaliste, Xavier enseignant.

Ce démêlage est complexe, le travail sur l'argent fait émerger les représentations de chacun, mais aussi les peurs, les inquiétudes, les incertitudes. Comment faire seul ? C'est la fin de l'histoire…

Enfin, dernière étape : le budget d'Eliot. Ils décident qu'ils prendront en charge chacun les frais liés au quotidien lorsque Eliot sera avec eux.

Pour les autres dépenses, ils se mettent d'accord sur les décisions à prendre ensemble avant d'engager les dépenses qu'ils partageront alors par moitié.

Tous les détails sont réglés : le mode de communication entre Eliot et chacun de ses deux parents, ses relations avec l'ensemble de ses deux lignées, entre le compagnon de sa maman et son père, la façon dont toutes les informations circulent entre les parents… Point par point, ils ont défini puis rédigé leur nouveau règlement familial.

Le magistrat est informé de la fin de la médiation et du fait que les parents sont en possession de ce document.

Isabelle et Xavier ont décidé qu'Eliot ne participerait pas à un entretien final de médiation ; ils lui expliqueront par eux-mêmes les décisions prises.

Quelques mois plus tard, Isabelle et Xavier sont convoqués par le juge, leurs décisions sont homologuées.

Je reverrai Isabelle et Xavier dans quelques mois pour un bilan de ce nouveau mode de relations parentales.

Jacques et Sarah

Depuis leur séparation et quoique leur divorce ait été prononcé deux années avant notre première rencontre, le climat entre Jacques et Sarah est toujours aussi tendu, difficile, lourd comme l'orage qui menace, le tonnerre qui gronde et qui se laisse éclater dans un éclair rageur qui augmente, un peu plus à chaque fois, la distance entre eux qui rend encore plus ténue la confiance malmenée et qui renforce, Déborah, leur petite fille âgée de sept ans, dans l'idée que les grands sont bien compliqués !

C'est Jacques qui a demandé au juge aux affaires familiales la possibilité d'avoir accès à une médiation afin de retrouver le calme.

Cette demande se situe dans ce qui est appelé une « instance modificative », qui vise à demander au juge de modifier les décisions rendues au préalable. Dans ce cadre-là, Sarah a saisi le juge sans avoir recours à un avocat ; c'est donc face à face qu'ils se sont retrouvés dans son bureau.

Dès le premier appel téléphonique, Sarah me met au pas : « Je n'ai pas de temps pour ces rendez-vous ; ah, vous me proposez le matin, oui, eh bien je serai en regard, j'ai une enfant, moi

Madame, j'en suis responsable, je dois la conduire à l'école ! Le soir, ah, non c'est impossible ! Le samedi, vous n'y pensez pas ! »

Décor planté, une fois de plus, je sais combien il est difficile d'accepter de s'asseoir aux côtés de « l'autre », de croire que le conflit pourrait trouver, là, des solutions, croire que la confiance va se rétablir, quand la blessure de la séparation est si grande encore !

Autant d'années de procédures que de difficultés à accepter cette décision de se séparer, de non-explicitation de la rupture, un pourquoi qui reste là, sans réponse.

Je rappelle à Sarah que le temps prévu pour ce premier entretien est d'environ une heure trente, disponible pour leur médiation, si elle souhaite en utiliser moins, cela se fera ; en effet, si elle arrive avec une heure de retard, nous nous verrons une demi-heure ; si elle ne souhaite pas poursuivre après cette rencontre, elle en a tout à fait le droit.

Il me faut jongler pour lui signifier que je comprends ses hésitations mais je dois filtrer cet entretien car j'ai besoin de les rencontrer tous les deux pour entendre, pour qu'ils entendent ensemble mon rôle, leurs attentes respectives et qu'ils puissent décider de ce qu'ils feront de cet espace. Je dois rassurer Sarah, sans pour autant faire « alliance » avec elle.

De son côté Jacques, demandeur de cette médiation, a accepté d'emblée ce premier rendez-vous.

Et le jour prévu, Sarah est là, dans la salle d'attente, près de trois quarts d'heure avant l'heure prévue !

« Je suis là, mais je vous l'ai dit, cela ne sert à rien ! » me lance-t-elle, ses yeux bleus pleins de vie et pétillants !

Sarah est une très jolie femme, blonde, très élégante, son air mutin laisse transparaître un sourire retenu, mais aussi, dans son regard, l'inquiétude : comment cela va-t-il se passer ?

Jacques arrive, ils ne se saluent pas, se tournent le dos… Je les invite à entrer dans mon bureau.

« C'est un peu fort, je fais l'effort de venir et il ne me dit pas même bonjour, et vous voulez me faire croire que nous allons réussir à nous parler ? Vous rêvez, peut-être ? » lance Sarah, plus à l'intention de Jacques qu'à la mienne.

Ce premier temps est essentiel pour le reste de la médiation ; ils sont tendus, je me présente, pose le cadre de cet accompagnement, énonce les règles, les sollicite l'un, l'autre, les invite à me dire qui ils sont, ce qui les a menés là, aujourd'hui.

Ils se sont rencontrés il y a environ dix ans, chacun avait déjà vécu une union, la rupture, la souffrance de celle-ci, le long chemin en solitaire pour remonter, une à une, ces longues étapes vers le retour à la lumière, au grand jour, au bonheur ! De son côté, Jacques a un fils, adulte aujourd'hui, avec lequel Sarah commence à avoir des relations meilleures.

Sarah parle de sa famille, de son père surtout, pour qui elle a eu une très grande admiration. Son décès, il y a quelques années, a laissé une trace encore très présente. Son premier mariage, alors qu'elle était très jeune, s'est envolé, comme un rêve éphémère, arraché par la brutalité d'un décès prématuré.

Jacques parle lui d'une vie « raisonnable », ses relations avec sa fratrie, ses parents, sont bonnes mais il parle surtout du père de Sarah, cet homme qui lui a beaucoup apporté, qu'il a aimé « comme un second père », ajoute-t-il.

Son premier divorce ? Loin, il explique que ce n'est pas le sujet, aujourd'hui.

Leur rencontre ? Ils sourient, premier moment d'apaisement. Jacques explique : « Sarah était comme un papillon, joyeuse, rieuse, elle m'a tout de suite plu, nous avons vécu une vraie passion, mais j'avais aussi peur : elle ne comptait pas, des voyages, des sorties, tout ce que je n'avais pas l'habitude de faire, comme cela à l'impulsion ! Chez moi, j'avais appris à compter, à prévoir le lendemain… »

Sarah reprend : « Pour moi la vie n'attend pas, il faut la vivre, donner ce que l'on peut, partager ! »

Dès leur rencontre, ils additionnent leurs différences culturelles et cultuelles. Sarah a reçu de son père une identité plantée dans le judaïsme, non pas dans une pratique absolue, mais dans le fait d'affirmer son histoire, de ne pas revendiquer son identité mais de vivre en harmonie avec : « Je suis fière de mes racines », dit-elle. Jacques explique : « Avant même ma rencontre avec Sarah, j'avais commencé à être attiré par cette culture, j'avais commencé à me plonger dans des lectures, des rencontres, un groupe de réflexion. »

Je peux craindre de cette différence un obstacle de plus, qui parfois devient insurmontable ; si les différences s'additionnent au moment de la rencontre, la soustraction devient le mode de calcul lors de la séparation. Ainsi, j'ai vu nombre d'enfants pour lesquels l'un des deux parents, dans son désir de rejeter l'autre, peut aller jusqu'à vouloir changer le prénom de l'enfant, interdire toute relation avec l'autre lignée familiale ou encore se précipiter pour faire baptiser l'enfant selon ses propres rites. Une fois de plus, c'est l'enfant qui paie l'addition du conflit, du pari, devenu impossible, de faire cohabiter deux cultures. Sarah n'avait pas d'enfant et l'annonce de sa grossesse a été une véritable fête ; ils se sont mariés sous le rite du judaïsme, et pourtant cette naissance si attendue, si fêtée, les séparera.

« Sarah ne vivait que pour Déborah, je ne savais plus où j'étais ; à cette même époque j'ai repris mes études pour le poste que j'occupe actuellement. Sarah avait arrêté de travailler, dépensait toujours autant, on se disputait de plus en plus ! » ose Jacques. « Je ne peux te laisser dire cela ; cet enfant c'est un cadeau ; pour moi, donner à un enfant n'est pas retirer à l'autre. J'ai tout assumé, tes absences, ton peu d'aide, de soutien ; plus le temps passait, plus tu vivais dehors, jusqu'au jour où j'ai su que tu avais une liaison… » lance Sarah.

Les valeurs qu'ils partagent ? Ils les nomment ensemble. Celles qui les séparent : le manque de confiance, la peur de ne pas être pris en compte par l'autre, de ne plus avoir de place ; leur fille les rassemble, ils en parlent l'un et l'autre comme de ce qui est le plus important, rappellent qu'ils veulent être présents, « à ses côtés ».

Jacques rajoute, esquissant un peu d'humour : « Le couple est la meilleure façon de résoudre des problèmes que l'on n'aurait jamais eus tout seul ! »

Nous établissons, ensemble, un plan de travail, je rappelle que de par ma fonction je ne peux pas les aider à comprendre pourquoi ils se sont rencontrés, pourquoi ils n'ont pas pu continuer leur chemin commun, mais seulement les aider à regarder devant, à échanger sur leurs propres besoins de parents, ceux de leur fille.

Les séances suivantes sont planifiées, les thèmes de travail définis : point par point ils vont aborder, ensemble, leurs valeurs éducatives, leurs relations parentales, la scolarité de Déborah, les modes de communication entre eux, l'éducation religieuse, les relations de Déborah avec ses familles respectives.

Au quatrième entretien, c'est ma secrétaire qui me fait part de son étonnement : Jacques et Sarah sont arrivés ensemble, discutent dans la salle d'attente comme « un couple qui vit ensemble », me dit-elle !

Il arrive en effet que, sous l'effet d'un dialogue retrouvé, dans un climat qui se détend, lorsque, souvent, pour la première fois, les mots se posent, les mots se disent, que viennent l'illusion, l'amertume de la séparation : « Et si on revivait ensemble, à présent ? »

Ce travail ne m'appartient pas, il est celui des conseillers conjugaux, des thérapeutes familiaux ou de couples. Mais il m'appartient de remettre, si les deux le souhaitent, en question la séparation. C'est après avoir recueilli leur décision de ne pas revenir sur le passé que le travail se poursuit.

Déborah assiste au dernier entretien ; point par point ses parents lui expliquent leurs décisions ; elle ajoute simplement : « J'aimerais que vous ne vous disputiez plus ! »

Axée sur la compréhension du conflit, sur leurs responsabilités de parents, la médiation familiale permet d'être un guide du démariage, sans obstruer les émotions, en décodant les blâmes, en reprenant son souffle. L'intérêt commun des deux parents devient celui à la fois de sortir du conflit et de se séparer, au sens psychique et matériel, et de trouver une place de parent sans avoir peur d'être évincé.

L'argent, dans le conflit de Jacques et de Sarah, est l'illustration de leurs peurs : « Tu dois payer pour tes agissements, pour les blessures que tu m'as faites », pourrait dire Sarah. « Je veux payer pour ma fille, pour son éducation, mais pas parce que tu te sens la victime de notre histoire. Je veux payer pour ma fille, pour son bien-être, mais je veux être responsable, consulté pour les décisions qui la concernent » pourrait-on entendre de Jacques.

Ensemble ils ont mis les comptes à plat, arrêté d'imaginer que l'autre a des ressources cachées, reparlé du partage de leurs biens, de la difficulté économique qu'ils connaissent l'un et l'autre, des choix budgétaires pour l'éducation de Déborah.

Pour une meilleure connaissance de ce travail, vous trouverez, en annexe, l'ordonnance du magistrat et le document qui finalise leur médiation.

Cet écrit a une véritable valeur symbolique : au-delà d'être le « nouveau règlement familial », il devient le pacte du démariage.

Je l'ai déjà indiqué, la séparation, le divorce ne sont pas que des faits qui se gèrent sur fond de mathématiques, les additions de l'un ne sont pas toujours les soustractions de l'autre.

À ce moment précis de l'histoire du couple, tous les événements extérieurs ont leur place, leurs effets, pourquoi cette rencontre, pourquoi ce fonctionnement dans le couple, cette déchirure, ce conflit qui perdure ?

Je n'ai pas retranscrit, ici, de médiation entre des adolescents et leurs parents, lorsque, pour se mettre à l'abri du conflit, le jeune « décide » de ne « plus voir » l'un des deux parents, ni de médiation dans laquelle le conflit se matérialise sur l'argent, au risque de « faire payer pour réparer, pour que tu me répares ».

Pas non plus, ici, de médiation qui met en scène une famille recomposée, la peur pour le parent seul de se voir voler sa place par un autre, et souvent celui qui a « détruit » la relation. Complexité pour les enfants qui ne savent plus qui ils ont le droit d'aimer, qui ils ont le droit de ne pas aimer, qui ils trahissent en acceptant de nouer une relation avec le « nouveau » !

C'est vrai, la séparation est un long voyage au pays de la souffrance, mais des espaces comme la médiation lui rendent son sens, aident à rassembler les « morceaux », pour que chacun reparte sur ses deux pieds.

Je ne crois pas aux poncifs, je l'ai déjà dit, d'un « bon divorce » après un « mauvais mariage », mais je crois à la vertu de la parole, à sa valeur, à sa trace posée par les écrits qui font suite à la médiation.

Le médiateur familial doit savoir remettre sur le métier sa fonction : à chaque entretien, avec chaque famille, si notre processus est le même, c'est à chaque fois une médiation nouvelle, pour une famille nouvelle !

Conclusion

Un livre se referme, des histoires de couples continuent, se tissent, et des enfants remplissent cet espace de la nouvelle famille…

Aujourd'hui, c'est vrai, la famille est différente, le lien se repère et se noue non plus uniquement de façon verticale, générationnelle, mais par la relation de filiation. Serait-ce donc l'enfant qui définit son territoire familial ?

Le couple est beaucoup plus complexe qu'on veut bien le dire, nous le vivons, rempli de ces images de notre passé, de notre famille. Serons-nous un jour seuls avec nous-mêmes ? Certes non !

La séparation, le divorce sont plus fréquents, les conflits se parlent, se vivent et, sur la scène de ces conflits, les médiateurs familiaux, nouveaux professionnels, prennent leur place fort heureusement.

Le discours relatif à l'introduction de la médiation dans le champ de l'accompagnement familial est souvent empreint d'une connotation sociale liée à la régulation sociale, à la mutation des normes sociales. Cependant, nous ne pouvons pas ignorer le moment même de son intervention : la séparation d'un couple, espace nouveau qui ritualise la séparation en redonnant du sens à la parole, aux émotions, et qui permet, pour beaucoup, d'amorcer une période de deuil difficile. La médiation familiale est, pour nous, un espace d'entre-deux : entre deux états émotionnels, deux histoires familiales, deux étapes de vie, entre deux histoires qui, un moment, se sont entremêlées et viennent, avec l'aide d'un professionnel, tenter de retrouver un espace différencié.

Si la médiation familiale n'est pas, en soi, à visée thérapeutique, elle produit des effets de changements, de modifications, d'où l'impérieuse nécessité, pour le médiateur familial, d'être allé à la rencontre de son histoire, d'avoir été en contact lui-même avec ses expériences de séparation enfouies, parfois même refoulées et, enfin, de bénéficier d'un espace de supervision lui permettant d'aborder les aspects transférentiels, les projections, pour ainsi garantir aux familles qui le sollicitent de trouver la « juste » distance dans cet accompagnement bref dans le temps, de trois à six mois maximum.

La médiation familiale, de par son application mise en œuvre le plus souvent avec une grande rigueur, enclenche un processus d'autonomie et, souvent, le désir de comprendre le sens, pour soi, de cette séparation, à ce moment-là, dans sa trajectoire. Mais ceci est une rencontre d'une autre nature, d'autres professionnels...

Il faut oser demander de l'aide, faire appel à ces services, car tourner en rond dans son conflit n'a jamais permis de trouver la sortie, la bonne porte.

Il faut que se multiplient ces lieux où les familles peuvent venir parler de leurs difficultés, car nul n'a le savoir, et c'est le partage qui permet, ensemble, de trouver à tâtons, mais de trouver une piste non encore explorée.

Les enfants de demain apprennent que l'on peut aimer, s'engager et vouloir se désengager car la vie nous aide à changer mais, pour autant, chacun des parents reste responsable de cet enfant, qui à son tour deviendra adulte, parent, en ayant acquis la responsabilité, le respect de chacun...

Entre cris et silences, pleurs et souffrances, dans ce dédale, la médiation familiale trouve, à présent, sa place et son espace dans cette transition familiale vécue par de nombreux hommes et femmes, et qui requiert un accompagnement souvent nécessaire.

Bibliographie

T. Anatrella, *Interminables adolescences*, éd. Cerf/Cujas.

E. Badinter, *L'un est l'autre*, éd. O. Jacob.

B. Bastard et L. Cardia-Voneche, *Le Divorce autrement, la médiation familiale*, éd. Syros.

Ch. Bobin, *La Plus que vive*, éd. Gallimard.

F. Boudgellah, *Jambon'beur*, bande dessinée, éd. Soleil.

C. Castelain-Meunier, *Cramponnez-vous les pères*, éd. A. Michel.

F. Chandernagor, *La Première Épouse*, éd. de Fallois.

G. Corneau, *Il n'y a pas d'amour heureux*, éd. Laffont.

A. Cyrulnik, *Sous le signe du lien*, éd. Hachette.

Les Nourritures affectives, éd. O. Jacob.

J. Dahan, *La Médiation familiale*, éd. Morisset.

Entendre les mots des parents pour comprendre les maux des enfants, revue *Dialogue*, 1996.

(collectif, dont…), *Les Médiations, la médiation*, éd. Eres.

F. Dolto, *Quand les parents se séparent*, éd. du Seuil.

Tout est langage, éd. Carrère.

Lorsque l'enfant paraît, trois tomes, éd. du Seuil.

Les Étapes majeures de l'enfance, éd. Gallimard, 1998.

V. de Gaulejac, *L'Histoire en héritage*, éd. Desclée de Brouwer.

Les Sources de la honte, éd. Desclée de Brouwer.

D. Germain, *Une deuxième maison pour l'amour*, éd. Hommes.

C. Guillemain, *La Garde partagée*, éd. Stanké.

J. Lemaire, *Le Couple, sa vie, sa mort*, éd. Payot.

S. Marinopoulos, *De l'une à l'autre, de la grossesse à l'abandon*, éd. Hommes et Perspectives, 1997.

H. Montagner, *L'Enfant acteur de son développement*, éd. Stock.

Les Rythmes de l'enfant et de l'adolescent, éd. Stock/Pernoud.

J. de Montbourquette, *Aimer, perdre et grandir*, Bayard Éditions.

A. NAOURI, *L'Enfant et le Couple*, éd. O. Jacob.
Les Filles et leurs mères, éd. O. Jacob.

R. NEUBURGER, *Nouveau couple*, éd. O. Jacob.

G. NEYRAND, *La Résidence alternée*, éd. Syros.

F. POUSSIN, E. MARTIN-LEBRUN, *Les Enfants du divorce*, éd. Dunod, 1997.

Revue *Autrement*, 1995, « Nourritures d'enfance, souvenirs aigres-doux ».

Revue *Enfance & Psy*, nº 4, éd. Eres, 1998.

J. SALOMÉ, *Pour ne plus vivre sur la planète TAIRE*, éd. A. Michel.

Y. SAVOY, *Duo, Duel*, éd. Labor et Fides.

M. SZEJER, *Des mots pour naître, écoute psychanalytique en maternité*, éd. Gallimard, 1997.

M. SZEJER, R. STEWARD, *Ces neuf mois-là, approche psychanalytique de la grossesse et de la naissance*, éd. Robert Laffont, 1994.

I. THÉRY, *Couples et filiation*, éd. Dunod.
Le Démariage, éd. O. Jacob.

Adresses utiles

Pour pouvoir connaître les coordonnées des médiateurs ou du service de médiation familiale de votre région, vous pouvez contacter :

- **L'Association pour la médiation familiale *(APMF)***
  Adresse : 325, rue de Vaugirard
  75015 Paris
  Téléphone : 03 81 44 35 31
  Fax : 03 81 44 37 76
  Site Web :
  http://monsite.mageos.com/dmediationfa

- **Le Comité national des services et associations de médiation familiale**
  Adresse : AAJB, B.P. 8
  14111 Louvigny
  Téléphone : 02 31 29 18 87
  Fax : 02 31 29 18 89
  Site Web : www.cnasmf.asso.fr

Pour pouvoir connaître les coordonnées du centre de formation à la médiation familiale le plus proche de votre région, vous pouvez contacter :

- **Le Collège de centres de formation à la médiation familiale *(APMF)***
  Adresse : voir adresse APMF

- **Le Forum européen des centres de formation à la médiation familiale :**
  Adresse : À l'attention de Mme Talin
  Val-d'Azur C3
  19, chemin de Gombert
  13013 Marseille

Annexes

1. Engagement à la médiation

Règlement intérieur

Conforme au code de déontologie des médiateurs familiaux de l'Association pour la promotion de la médiation familiale.

1. Compétences du médiateur

Le médiateur familial dispose d'une compétence technique en qualité de professionnel des sciences humaines et/ou juridiques dans le champ familial.

Il a suivi une formation spécifique agréée depuis le 15/10/92 dans le cadre de la Charte européenne de la formation des médiateurs familiaux.

Il est soumis à une obligation de formation continue et d'analyse de pratique.

2. Confidentialité et secret professionnel

Le médiateur doit respecter et préserver la confidentialité des entretiens et de tout document produit dans le cadre du processus de médiation en matière familiale.

Engagement à la médiation familiale

Nous avons sollicité et accepté une médiation familiale pour nous permettre de définir les modalités durables et satisfaisantes de l'organisation future de notre vie familiale.

Le médiateur familial chargé de cet accompagnement est M…

1. Nous nous engageons à participer aux entretiens de médiation familiale dans le respect et l'écoute de chacun.

2. Nous acceptons de suspendre toutes procédures judiciaires pendant la durée de la médiation familiale.

3. Nous nous engageons à produire toutes les informations nécessaires pour obtenir des accords justes, équitables et durables.

Dans le cas où la médiation est ordonnée par un magistrat, le médiateur l'informe que des accords ont pu être réalisés ou non, mais il ne remet la transcription de ces accords qu'aux intéressés eux-mêmes.

Le médiateur ne peut être appelé à témoigner en justice.

3. Règles de fonctionnement

Il n'est pas prévu de contact entre le médiateur et les familles en dehors des séances de médiation.

Chaque courrier ou appel téléphonique sera communiqué lors de l'entretien suivant.

Les entretiens sont fixés d'un commun accord. Tout rendez-vous annulé dans un délai inférieur à 48 heures sera dû.

Le processus de médiation peut être interrompu si le médiateur estime que les règles de la médiation familiale ne sont pas respectées ou qu'il n'est plus en mesure d'assurer la poursuite de sa mission.

Toulouse, le :

Le médiateur

4. Le protocole d'accords que nous réaliserons constituera un document de base qu'il appartiendra d'utiliser à notre convenance. Nos accords pourront être homologués en justice par l'intermédiaire de nos conseils.

5. Nous savons que la médiation pourra être interrompue à tout moment par chacun de nous.

6. Nous nous engageons à régler à chaque entretien les frais de la médiation familiale de la façon suivante :
Pour le père : Pour la mère :

7. Nous souhaitons aborder les domaines suivants :
–
–

8. Nous avons pris connaissance du règlement intérieur du CEMAF.

Toulouse, le :

Monsieur...... Madame......

2. Ordonnance de médiation

Le document présenté ci-après est extrait d'une ordonnance rendue par un juge aux affaires familiales, à des fins de médiation.

Il m'a semblé utile de reprendre les seuls éléments présentant les motivations à l'origine de la médiation familiale et les conditions de sa mise en place.

ORDONNANCE MODIFICATIVE
Rendue le ...

Ordonnance Modificative
Art. 1072 du NCPC.
Médiation : Art 131-1 et suivants du NCPC.

Des éléments contradictoires sont fournis par les parties sur les arguments respectivement invoqués.../...

Indépendamment des contestations émises par les parents sur les motifs de leur conflit, il apparaît incontestable que celui-ci persistant et non maîtrisé est susceptible de perturber gravement la jeune enfant ;

Une mesure de médiation familiale sera en conséquence ordonnée dans l'intérêt de l'enfant avec l'accord des parties sur ce point expressément formulé lors de l'audience ;

Cette mesure de médiation portera sur l'ensemble des demandes formées par les parties (étant précisé que le montant de la contribution financière à régler par le père est lié à la décision à prendre par les parents) ;

Le service de médiation familiale XX sera désigné à cet effet en qualité de médiateur pour une durée de trois mois renouvelable une fois ;

À l'issue du processus de médiation et après avis du médiateur, l'affaire sera rappelée pour statuer sur les diverses demandes ;

Les parties régleront chacune une provision de 1 500,00 francs au titre de cette mesure. .../...

3. Protocole d'accord

PROTOCOLE D'ACCORD

entre

Madame	Monsieur
Née le .... à	Né le .... à ....
de nationalité française	de nationalité française

Parents de

À.

En préalable

Nous sommes divorcés par ordonnance du tribunal de grande instance de Paris et nous avons sollicité l'intervention du juge aux affaires familiales dans un moment de non-communication et de difficulté à pouvoir, ensemble, exercer nos responsabilités parentales.

Nous avons, conjointement, accepté la proposition du magistrat de faire appel à un service de médiation familiale afin de nous aider à comprendre le conflit qui nous oppose et à trouver par nous-mêmes des accords pour permettre à notre fille A. de continuer à bénéficier de la présence et de l'éducation de ses deux parents.

Notre attachement à notre fille et notre souhait d'être responsables de son avenir nous ont guidés vers ce mode d'accompagnement car il nous semble que nous devons, quelle que soit la situation, continuer à être responsables de notre enfant.

Dès le premier entretien, le médiateur familial nous a présenté le cadre et la déontologie de cette intervention. Sa présence a été, pour nous, la possibilité de pouvoir reparler de notre séparation, des souffrances qu'elle a occasionnées pour chacun d'entre nous et nous avons pu retrouver une communication et une confiance progressives.

À ce jour, pour nous reconnaître mutuellement nos compétences de parents, il est indispensable que nous nous engagions, l'un et l'autre, à respecter des règles permettant la mise en place de notre coresponsabilité parentale : la sécurité, la responsabilité médicale et scolaire.

Ces règles étant les bases de nos accords, nous avons pu définir les modalités liées à l'accueil et à l'éducation de A.

Nous souhaitons ne pas la prendre à témoin de nos différends et lui rappeler, chaque fois que nécessaire, que ses deux parents sont responsables d'elle et prennent des décisions conjointes.

Nous avons, en conclusion, trouvé des accords concernant :

- les valeurs que nous souhaitons lui transmettre,
- les choix pour sa scolarité,
- les choix de ses loisirs,
- son éducation religieuse,
- ses relations avec nos familles respectives,
- l'accueil,
- son budget,

• la participation de chacun d'entre nous à son budget.

Ce protocole d'accord retrace toutes ces décisions et nous souhaitons les lui présenter lors d'un entretien dans le cadre de la médiation familiale.

En effet, nous lui avons indiqué que nous étions en médiation dans le but de gérer par nous-mêmes nos différends et qu'elle ne pouvait pas elle-même trouver des solutions à notre place.

Nos valeurs parentales

Nous avons échangé et défini les représentations de nos fonctions de père et de mère.

Nous sommes d'accord pour dire que la mère représente le lien physique – « l'intérieur » – et, pour A., nous savons l'importance d'une relation mère-fille dans le sens où la mère permet une identification et l'initiation à la féminité et le père représente l'accès « à l'extérieur ».

Être parent représente pour nous la fonction d'ouvrir l'enfant sur le monde, de lui donner et de l'aider à trouver ses limites, le goût de la curiosité, de la découverte, des valeurs liées au respect de soi et des autres dans toutes les différences.

Devenir parent représente pour nous, au-delà d'un désir d'adulte, un prolongement généalogique ; la continuité d'une relation importante.

A. a été fortement désirée, attendue et a su combler nos attentes de parents.

C'est pourquoi nos choix éducatifs prennent appui sur ces valeurs.

La scolarité

Nous avons choisi de scolariser notre fille dans un établissement dont le projet pédagogique correspond à nos attentes.

L'école … est l'établissement qui nous semble le mieux convenir, car sa pédagogie est fondée sur le respect et le développement individuel de l'enfant en lui proposant une ouverture culturelle et un accès à la responsabilité.

Après de nombreux échanges, nous sommes d'accord pour dire que A., qui est très attachée à son établissement, restera scolarisée au sein de l'école … tant qu'elle en exprime le désir.

Nous continuerons de transmettre au chef d'établissement nos coordonnées réciproques afin que nous puissions, l'un et l'autre, être informés de la vie scolaire.

Nous nous engageons à informer le parent avec lequel A. ne se trouve pas de toutes les manifestations, réunions ou événements relatifs à sa scolarité.

Nous prendrons contact l'un et l'autre ensemble, si nécessaire avec les enseignants.

Durant le temps où A. se trouve avec l'un ou l'autre d'entre nous, nous veillerons à prendre en charge son travail scolaire pour que chacun d'entre nous puisse également être impliqué dans la scolarité.

Les loisirs

Depuis son plus jeune âge, A. a participé à des activités multiples : piscine, danse, cours d'anglais et elle continue, aujourd'hui, de pratiquer ces activités qui semblent lui procurer une véritable joie.

A. semble apprécier et souhaiter le fait que, tour à tour, chacun d'entre nous l'accompagne à ses activités et puisse voir ses progrès.

La religion

Dès notre rencontre nous avons abordé nos différences culturelles, qui sont pour nous une véritable complémentarité, et nous décidons de continuer à transmettre à notre fille ce respect des différences.

Ses relations avec nos familles respectives

A. a toujours eu des relations fréquentes avec ses cousins et cousines. Cela constitue pour nous un aspect important d'autant que A. est fille unique même si, au demeurant, elle a un frère, Y, du côté de son papa. La différence d'âge importante entre cette fratrie fait que A. commence à avoir des relations plus soutenues avec son frère.

M. souhaite que cette relation puisse se développer pour leur permettre, plus tard, de tisser des liens de frère et sœur et de solidarité.

Nous souhaitons que A. puisse avoir un accès à chacune de ses deux lignées. Elle doit pouvoir continuer de trouver sa place dans cette généalogie en se sachant respectée et reconnue des identités que ses parents lui ont transmises.

Nous sommes d'accord pour que, chaque année, A. puisse continuer de participer à un séjour de ski, durant les vacances d'hiver, en compagnie de ses cousins maternels, avec lesquels elle a des relations importantes pour elle.

Nous sommes d'accord pour dire que nous souhaitons qu'au sein de chacune de nos familles il ne soit pas fait mention de différends ou de désaccords à l'égard de l'autre parent.

Un respect de chacune de ses deux lignées est indispensable pour permettre à A. de continuer à grandir.

La santé

Pour éviter toute difficulté et renforcer nos responsabilités parentales, nous décidons que A. sera inscrite en qualité d'ayant droit et bénéficiera de nos couvertures sociales et de mutuelles respectives.

Concernant les frais de santé non pris en charge par ces remboursements, nous vérifierons quelle est la couverture la plus avantageuse et participerons pour moitié au recouvrement des frais non remboursés.

La photocopie du carnet de santé de A. mise à jour sera systématiquement transmise à son père.

En cas d'incident, d'accident ou de maladie, nous nous engageons à informer systématiquement l'autre parent.

Nous nous concerterons avant toute prise de décision relative à sa santé. Pour exemple, dans les prochaines semaines, nous veillerons ensemble au choix d'un orthodontiste.

A. est suivie depuis sa naissance par un pédiatre que nous connaissons l'un et l'autre. Cependant, en cas de maladie, nous pourrons faire appel à un médecin généraliste.

L'accueil

Ce point a fait l'objet de très nombreux échanges entre nous. En effet, il nous semble indispensable de pouvoir l'un et l'autre être présents dans l'éducation de notre fille, d'autant que nos activités professionnelles nous permettent une disponibilité réelle.

Nous ne souhaitons pas que l'un d'entre nous puisse avoir un rôle inhérent aux loisirs et l'autre un rôle inhérent aux contraintes du quotidien.

Par ailleurs, A. à plusieurs reprises a exprimé le fait de pouvoir se repérer dans le temps pour l'organisation de ses relations avec ses deux parents.

Nous sommes d'accord pour dire que A. doit avoir une relation fréquente et soutenue avec chacun d'entre nous.

Aussi nous décidons que A. sera :

• **avec sa maman** tous les lundis, mardis et jeudis, un mercredi soir sur deux, après son activité de danse, ainsi qu'une fin de semaine sur deux,

• **avec son papa** tous les mercredis, dont un sur deux jusqu'à son activité de danse, et le suivant jusqu'au jeudi matin et une fin de semaine sur deux.

Pour **les vacances scolaires** nous organiserons l'accueil de A. par moitié, en nous informant suffisamment à l'avance afin de nous permettre d'organiser nos plannings.

Durant les vacances ou déplacements avec l'un des deux parents, le parent concerné transmettra systématiquement les coordonnées de ce lieu afin que chacun d'entre nous puisse avoir accès à A.

Nous sommes d'accord pour dire qu'en fonction de l'évolution des besoins de A., nous modifierons notre accueil durant les vacances afin de lui permettre de participer à des séjours linguistiques ou collectifs.

Nous souhaitons qu'une souplesse puisse s'établir dans nos modalités d'accueil en fonction de son âge afin qu'elle puisse, par la suite, avoir accès à l'un ou l'autre de ses parents de façon libre.

Le budget de A.

Nous avons ensemble établi le budget de A. en fonction de ses activités et en déclinant toutes les rubriques relatives à son éducation : scolarité, habillement, loisirs, santé, alimentation…

La participation de chacun d'entre nous à son budget

M. exerce des fonctions d'employé de la *fonction publique* ; Mme exerce des fonctions dans la *presse* et nous avons présenté nos budgets de façon transparente et objective.

Nos justificatifs réciproques nous ont permis d'établir qu'à ce jour nous décidons de maintenir nos participations actuelles afin de couvrir l'ensemble de son budget, et nous sommes conscients de l'effort économique que recouvre cette décision.

Après avoir réalisé le budget de notre fille et le budget de chacun d'entre nous, nous avons calculé la participation financière à l'éducation de notre fille de façon proportionnelle à nos ressources. Nous avons décidé que ce montant est de 1 750 francs pour M. et 1 240 francs pour Mme.

Cette participation sera révisée en fonction de l'évolution des besoins de A. ou de changement de nos situations professionnelles.

Points divers

Les papiers officiels de A. seront transmis à son papa lors des vacances ou des déplacements.

A. figure également sur chacun de nos passeports. Nous avons l'un et l'autre un livret de famille.

Chacun d'entre nous gérera sa participation à l'argent de poche de A. afin qu'elle puisse apprendre à gérer son budget et la valeur de l'argent.

En conclusion

L'ensemble des entretiens que nous avons réalisés nous ont permis de dépasser nos rancœurs et de mieux comprendre nos difficultés de communication.

Nous savons qu'à l'avenir d'autres différends peuvent se présenter et que nous serons vigilants à les gérer rapidement afin d'éviter de nouveaux dérapages.

Nous souhaitons présenter nos accords au magistrat qui nous a suggéré la médiation afin qu'ils soient homologués et qu'ils constituent nos engagements pour l'éducation de notre fille.

Fait à Paris le, en trois exemplaires

Signature de Madame Signature de Monsieur

4. Code de déontologie de l'Association pour la médiation familiale

CODE DE DÉONTOLOGIE DE LA MÉDIATION FAMILIALE
ADOPTÉ PAR L'ASSOCIATION
POUR LA MÉDIATION FAMILIALE
LE 5 DÉCEMBRE 1998

Préambule

Ce présent code de déontologie a été approuvé par l'APMF lors de son assemblée générale du 5 décembre 1998, à Paris, modifiant ainsi le précédent et premier code de déontologie que l'APMF avait établi lors du colloque de Caen, le 1er décembre 1990.

Ce présent code de déontologie a été établi conformément aux statuts de l'APMF, et de son article 4 en particulier, afin « de garantir l'éthique et les conditions professionnelles nécessaires à l'exercice de la médiation familiale ». De plus, il est conforme à la Charte européenne de formation des médiateurs familiaux que l'APMF a mise en place depuis le 15 octobre 1992.

Ce code de déontologie constitue un ensemble de règles garantissant la médiation familiale et son cadre de fonctionnement.

L'APFM s'est donné pour mission de veiller au respect du présent code et de son application.

Il est rappelé ici qu'être membre de l'APMF n'implique pas automatiquement la qualité de médiateur familial.

Article 1. – Objet

Le présent code de déontologie a été établi par l'APMF, Association pour la promotion de la médiation familiale, et a pour objet d'énoncer les règles et dispositions qui s'imposent à la pratique de la médiation en matière familiale, qu'elle s'exerce à titre libéral ou dans le cadre d'un organisme.

Ce code de déontologie contribue à offrir des garanties de probité et d'intégrité tant vis-à-vis des clients que des institutions et des pouvoirs publics.

Article 2. – Définition et objectifs de la médiation familiale

La définition retenue ici est celle de l'APMF énoncée dans ses statuts adoptés en 1988 et modifiés le 13 septembre 1997.

« La médiation familiale, notamment en matière de séparation et de divorce, est un processus de gestion des conflits dans lequel les membres de la famille demandent ou acceptent l'intervention confidentielle et impartiale d'une tierce personne : le médiateur familial.

« Son rôle est de les amener à trouver eux-mêmes les bases d'un accord durable et mutuellement acceptable, tenant compte des besoins de chacun et particulièrement de ceux des enfants dans un esprit de coresponsabilité parentale.

« La médiation familiale aborde les enjeux de la désunion, principalement relationnels, économiques, patrimoniaux.

« Ce processus peut être accessible à l'ensemble des membres de la famille (ascendants, descendants, collatéraux) concernés par une rupture de communication dont l'origine est liée à une séparation. »

Article 3. – Compétences du médiateur familial

La fonction de médiateur familial oblige à la fois :

a – à disposer d'une compétence technique préalable, soit en qualité de professionnel des sciences humaines et/ou juridiques du champ familial, soit en raison d'une expérience acquise dans le cadre d'une structure ayant pour objet l'accompagnement des familles ;

b – à avoir suivi une formation spécifique agréée depuis le 15 octobre 1992 dans le cadre de la Charte européenne de la formation des médiateurs familiaux exerçant dans les situations de divorce et de séparation de l'APMF, ou dans le cadre de tout autre texte la remplaçant.

Pour les personnes ayant suivi une formation antérieurement à la Charte de 1992 ou à celle de tout texte la remplaçant ou la complétant, une période d'adaptation ou de mise en conformité est nécessaire, et est déterminée par l'APMF.

Il doit également s'engager dans une formation continue, à une analyse de la pratique et/ou se soumettre régulièrement à une supervision.

Article 4. – Champ d'intervention et éthique du médiateur familial

L'exercice de la médiation familiale implique de la part du médiateur impartialité et neutralité vis-à-vis des personnes. Le processus ne s'engage qu'en présence des personnes concernées.

Le médiateur familial est professionnellement indépendant et doit protéger son indépendance, en particulier vis-à-vis de l'organisme dans lequel il travaille le cas échéant, mais aussi y compris dans les cas de médiation ordonnée en justice.

Le médiateur s'interdit :

a – d'intervenir dans des médiations impliquant ses propres relations ;

b – d'obtenir l'adhésion à un accord qui ne serait pas librement consenti ;

c – d'offrir à ses clients des services sortant du champ de la médiation en matière familiale ;

d – d'exercer, avec les mêmes personnes, une autre fonction que celle de médiateur.

Le médiateur a l'obligation, à cet égard, de préciser aux parties que conseils d'ordre juridique et/ou psychologique peuvent être obtenus d'un autre professionnel du droit ou des sciences humaines dont elles ont le libre choix.

Article 5. – Confidentialité et secret professionnel

Le médiateur familial doit respecter et préserver la confidentialité des entretiens et de tout document produit dans le cadre du processus de médiation en matière familiale. Le médiateur ne peut être cité comme témoin.

Sous réserve de l'application des dispositions du code pénal et du nouveau code de procédure pénale relatives au secret professionnel, le médiateur considérera qu'il peut opposer un secret absolu quant au contenu des entretiens et des accords intervenus pendant le processus de médiation familiale, et ceci de plus en matière de médiation judiciaire, où le nouveau code de procédure civile (art. 131-14) indique : « Les constatations du médiateur et les déclarations qu'il recueille ne peuvent être ni produites ni invoquées dans la suite de la procédure sans l'accord des parties, ni en tout état de cause dans le cadre d'une autre instance. »

Dans le cas où la médiation est recommandée ou ordonnée par un magistrat, le médiateur l'informe que des accords ont pu être réalisés ou non, mais il ne remet la transcription de ces accords qu'aux parties elles-mêmes.

L'utilisation de procédés d'enregistrement devra requérir préalablement l'autorisation explicite des personnes concernées, aussi bien quant au principe qu'à leur utilisation éventuelle.

Article 6. – Droits des clients

Au début de la médiation familiale, le médiateur expose à ses clients les objectifs, les modalités et le processus de la médiation. Il les informe de la spécificité de son intervention par rapport aux autres professionnels, en particulier des sciences humaines et des sciences juridiques, et convient avec eux du coût éventuel des entretiens et des modalités de règlement. En aucun cas ce coût ne peut être lié au résultat.

Le médiateur doit recueillir auprès de ses clients leur consentement sur le principe et les modalités de la médiation familiale, consentement qui pourra être repris dans un contrat signé par les clients.

Le client, ainsi que chaque individu concerné par la médiation familiale, a droit au respect de sa personne, de son opinion, de sa culture, de son sexe, de sa religion, de sa race, dans un esprit d'égalité de droit et d'équité. Il est en droit d'attendre d'une médiation familiale apaisement et prévention sans se sentir jugé ni contraint.

Le médiateur familial doit apporter aux clients des garanties de compétence, de formation, de supervision, de neutralité, d'impartialité et d'indépendance.

Les accords énoncent les points sur lesquels les clients sont parvenus à s'entendre au cours et à la fin de la médiation.

Le médiateur doit informer ses clients que les accords n'ont pas de valeur au sens d'une décision de justice.

Avant de signer ces accords, les clients pourront avoir conseil auprès des différents professionnels qu'ils penseront utile de consulter.

Article 7. – Interruption d'une médiation

Le processus de médiation peut être interrompu dans certaines circonstances, entre autres :

– si le médiateur estime que les règles de la médiation familiale ne sont pas respectées ou qu'il n'est plus en mesure d'assurer la poursuite de sa mission ;

– lorsque l'une des personnes le décide.

Article 8. – Déclaration publique

Toute déclaration publique concernant la médiation familiale doit s'établir sur les principes fondamentaux de la médiation familiale et avoir pour but d'informer sur ses principes, son processus, et de présenter objectivement la médiation familiale telle que définie à l'article 2 du présent code de déontologie afin de permettre aux intéressés de faire un choix judicieux et éclairé.

Article 9. – Respect de la déontologie

Tout praticien de la médiation familiale est tenu de respecter le présent code de déontologie, ainsi que les règles de l'art et tout texte en vigueur.

L'APMF se donne pour mission de veiller au respect du présent code et de son application.

Article 10. – Relations professionnelles

Ce code est le fondement d'une solidarité mutuelle des médiateurs familiaux entre eux, dans le respect de l'éthique de la médiation familiale.

Les médiateurs familiaux sont au centre d'un réseau d'échange entre médiateurs familiaux, qui favorisera le développement de la médiation familiale et de son éthique, en France et à l'étranger.

Tout médiateur familial pourra solliciter l'APMF pour toutes questions d'interprétation du présent code de déontologie ou pour obtenir son avis.

5. La Convention internationale des droits de l'enfant

1. L'enfant doit jouir de tous les droits énoncés dans la présente déclaration. Ces droits doivent être reconnus à tous les enfants sans exception aucune et sans distinction ou discrimination fondées sur la race, la couleur, le sexe, la langue, la religion, les opinions politiques ou autres, l'origine nationale ou sociale, la fortune, la naissance, ou sur toute autre situation, que celle-ci s'applique à l'enfant lui-même ou à sa famille.

2. L'enfant doit bénéficier d'une protection spéciale et se voir accorder des possibilités et des facilités par l'effet de la loi et par d'autres moyens, afin d'être en mesure de se développer d'une façon saine et normale sur le plan physique, intellectuel, moral, spirituel et social, dans des conditions de liberté et de dignité. Dans l'adoption des lois à cette fin, l'intérêt supérieur de l'enfant doit être la considération déterminante.

3. L'enfant a droit, dès sa naissance, à un nom et à une nationalité.

4. L'enfant doit bénéficier de la Sécurité sociale. Il doit pouvoir grandir et se développer de façon saine ; à cette fin, une aide et une protection spéciales doivent lui être assurées ainsi qu'à sa mère, notamment des soins prénataux et postnataux adéquats. L'enfant a droit à une alimentation, à un logement, à des loisirs et à des soins médicaux adéquats.

5. L'enfant physiquement, mentalement ou socialement désavantagé doit recevoir le traitement, l'éducation et les soins spéciaux que nécessite son état ou sa situation.

6. L'enfant, pour l'épanouissement harmonieux de sa personnalité, a besoin d'amour et de compréhension. Il doit, autant que possible, grandir sous la sauvegarde et sous la responsabilité de ses parents et, en tout état de cause, dans une atmosphère d'affection et de sécurité morale et matérielle ; l'enfant en bas âge ne doit pas, sauf circonstances exceptionnelles, être séparé de sa mère. La société et les pouvoirs publics ont le devoir de prendre un soin particulier des enfants sans famille ou de ceux qui n'ont pas de moyens d'existence suffisants. Il est souhaitable que soient accordées aux familles nombreuses des allocations de l'État ou autres pour l'entretien des enfants.

7. L'enfant a droit à une éducation qui doit être gratuite et obligatoire au moins aux niveaux élémentaires. Il doit bénéficier d'une éducation qui contribue à sa culture générale et lui permette, dans des conditions d'égalité de chances, de développer ses facultés, son jugement personnel et son sens des responsabilités morales et sociales, et de devenir un membre utile de la société.

L'intérêt supérieur de l'enfant doit être le guide de ceux qui ont la responsabilité de son éducation et de son orientation ; cette responsabilité incombe en priorité à ses parents. L'enfant doit avoir toutes les possibilités de se livrer à des jeux et à des activités récréatives, qui doivent être orientés vers les fins visées par l'éducation ; la société et les pouvoirs publics doivent s'efforcer de favoriser la jouissance de ce droit.

8. L'enfant doit, en toutes circonstances, être parmi les premiers à recevoir protection et secours.

9. L'enfant doit être protégé contre toute forme de négligence, de cruauté et d'exploitation. Il ne doit pas être soumis à la traite sous quelque forme que ce soit. L'enfant ne doit pas être admis à l'emploi avant d'avoir atteint un âge minimum approprié ; il ne doit en aucun cas être astreint ou autorisé à prendre une occupation ou un emploi qui nuise à sa santé ou à son éducation, ou qui entrave son développement physique, mental ou moral.

10. L'enfant doit être protégé contre les pratiques qui peuvent pousser à la discrimination raciale, à la discrimination religieuse ou à toute autre forme de discrimination. Il doit être élevé dans un esprit de compréhension, de tolérance, d'amitié entre les peuples, de paix et de fraternité universelles, et dans le sentiment qu'il lui appartient de consacrer son énergie et ses talents au service de ses semblables.

Déclaration adoptée par l'Assemblée générale des Nations unies le 20 novembre 1959.

6. Loi du 8 février 1995 et décret d'application du 22 juillet 1996

Loi n° 95-125 du 8 février 1995 relative à l'organisation des juridictions et à la procédure civile, pénale et administrative

TITRE II

DISPOSITION DE PROCÉDURE CIVILE

Chapitre premier
La conciliation et la médiation judiciaires

Art. 21. – Le juge peut, après avoir obtenu l'accord des parties, désigner une tierce personne remplissant les conditions fixées par décret en Conseil d'État pour procéder :

1° soit aux tentatives préalables de conciliation prescrites par la loi, sauf en matière de divorce et de séparation de corps ;

2° soit à une médiation, en tout état de la procédure et y compris en référé, pour tenter de parvenir à un accord entre les parties.

Le juge fixe le montant de la provision à valoir sur la rémunération du médiateur et désigne la ou les parties qui consigneront la provision dans le délai qu'il détermine.

La désignation du médiateur est caduque à défaut de consignation dans le délai et selon les modalités impartis. L'instance est alors poursuivie.

Art. 22. – Les parties déterminent librement la répartition entre elles de la charge des frais de la médiation.

À défaut d'accord, ces frais sont répartis à parts égales, à moins que le juge n'estime qu'une telle répartition est inéquitable au regard de la situation économique des parties.

Lorsque l'aide juridictionnelle a été accordée à l'une des parties, la répartition de la charge des frais de la médiation est établie selon les règles prévues à l'alinéa précédent. Les frais incombant à la partie bénéficiaire de l'aide juridictionnelle sont à la charge de l'État, sous réserve des dispositions des articles 45 et 46 de la loi n° 91-647 du 10 juillet 1991 relative à l'aide juridique.

Art. 23. – La durée de la mission de conciliation ou de médiation est initialement fixée par le juge sans qu'elle puisse excéder un délai fixé par décret en Conseil d'État.

Le juge peut toutefois renouveler la mission de conciliation ou de médiation. Il peut également y mettre fin avant l'expiration du délai qu'il a fixé, d'office ou à la demande du conciliateur ou d'une partie.

Art. 24. – Le conciliateur et le médiateur sont tenus à l'obligation du secret à l'égard des tiers.

Les constatations du conciliateur ou du médiateur et les déclarations qu'ils recueillent ne peuvent être évoquées devant le juge saisi du litige qu'avec l'accord des parties. Elles ne peuvent être utilisées dans une autre instance.

Toutefois, le conciliateur ou le médiateur informe le juge de ce que les parties sont ou non parvenues à un accord.

Art. 25. – En cas d'accord, les parties peuvent soumettre celui-ci à l'homologation du juge qui lui donne force exécutoire.

Art. 26. – Les dispositions du présent chapitre ne sont pas applicables aux procédures pénales.

Un décret en Conseil d'État précise les conditions d'application de ces dispositions et détermine les règles applicables à la provision à valoir sur la rémunération de la personne chargée de procéder à la médiation.

Décret n° 96-652 du 22 juillet 1996 relatif à la conciliation et à la médiation judiciaires

Le Premier ministre,

Sur le rapport du garde des Sceaux, ministre de la Justice,

Vu le nouveau code de procédure civile ;

Vu la loi n° 95-125 du 8 février 1995 relative à l'organisation des juridictions et à la procédure civile, pénale et administrative, et notamment ses articles 21 à 26 ;

Vu le décret n° 78-381 du 20 mars 1978 modifié relatif aux conciliateurs ;

Le Conseil d'État (section de l'intérieur) entendu,

Décrète :

TITRE VI BIS
LA MÉDIATION

Art. 131-1. – Le juge saisi d'un litige peut, après avoir recueilli l'accord des parties, désigner une tierce personne afin d'entendre les parties et de confronter leurs points de vue pour leur permettre de trouver une solution au conflit qui les oppose.

Ce pouvoir appartient également au juge des référés, en cours d'instance.

Art. 131-2. – La médiation porte sur tout ou partie du litige.

En aucun cas elle ne dessaisit le juge, qui peut prendre à tout moment les autres mesures qui lui paraissent nécessaires.

Art. 131-3. – La durée initiale de la médiation ne peut excéder trois mois. Cette mission peut être renouvelée une fois, pour une même durée, à la demande du médiateur.

Art. 131-4. – La médiation peut être confiée à une personne physique ou à une association.

Si le médiateur désigné est une association, son représentant légal soumet à l'agrément du juge le nom de la ou des personnes physiques qui assureront, au sein de celle-ci et en son nom, l'exécution de la mesure.

Art. 131-5. – La personne physique qui assure l'exécution de la mesure de médiation doit satisfaire aux conditions suivantes :

1° Ne pas avoir fait l'objet d'une condamnation, d'une incapacité ou d'une déchéance mentionnées sur le bulletin n° 2 du casier judiciaire ;

2° N'avoir pas été l'auteur de faits contraires à l'honneur, à la probité et aux bonnes mœurs ayant donné lieu à une sanction disciplinaire ou administrative de destitution, radiation, révocation, de retrait d'agrément ou d'autorisation ;

3° Posséder, par l'exercice présent ou passé d'une activité, la qualification requise eu égard à la nature du litige ;

4° Justifier, selon le cas, d'une formation ou d'une expérience adaptée à la pratique de la médiation ;

5° Présenter les garanties d'indépendance nécessaires à l'exercice de la médiation.

Art. 131-6. – La décision qui ordonne une médiation mentionne l'accord des parties, désigne le médiateur et la durée initiale de sa mission et indique la date à laquelle l'affaire sera rappelée à l'audience.

Elle fixe le montant de la provision à valoir sur la rémunération du médiateur à un niveau aussi proche que possible de la rémunération prévisible et désigne la ou les parties qui consigneront la provision dans un délai imparti ; si plusieurs parties sont désignées, la décision indique dans quelle proportion chacune des parties devra consigner.

La décision, à défaut de consignation, est caduque et l'instance se poursuit.

Art. 131-7. – Dès le prononcé de la décision désignant le médiateur, le greffe de la juridiction en notifie copie par lettre simple aux parties et au médiateur.

Le médiateur fait connaître sans délai au juge son acceptation.

Dès qu'il est informé par le greffe de la consignation, il doit convoquer les parties.

Art. 131-8. – Le médiateur ne dispose pas de pouvoirs d'instruction. Toutefois, il peut, avec l'accord des parties et pour les besoins de la médiation, entendre les tiers qui y consentent.

Le médiateur ne peut être commis, au cours de la même instance, pour effectuer une mesure d'instruction.

Art. 131-9. – La personne physique qui assure la médiation tient le juge informé des difficultés qu'elle rencontre dans l'accomplissement de sa mission.

Art. 131-10. – Le juge peut mettre fin, à tout moment, à la médiation sur demande d'une partie ou à l'initiative du médiateur.

Le juge peut également y mettre fin d'office lorsque le bon déroulement de la médiation apparaît compromis.

Dans tous les cas, l'affaire doit être préalablement rappelée à une audience à laquelle les parties sont convoquées à la diligence du greffe par lettre recommandée avec demande d'avis de réception.

Art. 131-11. – À l'expiration de sa mission, le médiateur informe par écrit le juge de ce que les parties sont ou non parvenues à trouver une solution au conflit qui les oppose.

Le jour fixé, l'affaire revient devant le juge.

Art. 131-12. – Le juge homologue à la demande des parties l'accord qu'elles lui soumettent.

L'homologation relève de la matière gracieuse.

Art. 131-13. – À l'expiration de sa mission, le juge fixe la rémunération du médiateur.

La charge des frais de la médiation est répartie conformément aux dispositions de l'article 22 de la loi nº 95-125 du 8 février 1995 relative à l'organisation des juridictions et aux procédures civile, pénale et administrative.

Le juge autorise le médiateur à se faire remettre, jusqu'à due concurrence, les sommes consignées au greffe.

Il ordonne, s'il y a lieu, le versement de sommes complémentaires en indiquant la ou les parties qui en ont la charge, ou la restitution des sommes consignées en excédent.

Un titre exécutoire est délivré au médiateur, sur sa demande.

Art. 131-14. – Les constatations du médiateur et les déclarations qu'il recueille ne peuvent être ni produites ni invoquées dans la suite de la procédure sans l'accord des parties, ni en tout état de cause dans le cadre d'une autre instance.

Art. 131-15. – La décision ordonnant ou renouvelant la médiation ou y mettant fin n'est pas susceptible d'appel.

Art. 3. – Le garde des Sceaux, ministre de la Justice, est chargé de l'exécution du présent décret, qui sera publié au *Journal officiel* de la République française.

Fait à Paris, le 22 juillet 1996

7. Fiche technique de présentation des médiateurs familiaux

LES MÉDIATEURS FAMILIAUX

La médiation en matière familiale, en matière de séparation et de divorce, est un processus de gestion des conflits dans lequel les membres de la famille demandent ou acceptent l'intervention confidentielle et impartiale d'une tierce personne, le médiateur familial.

Son rôle est de les amener à trouver eux-mêmes les bases d'un accord mutuellement acceptable tenant compte des besoins de chacun, et particulièrement de ceux des enfants, dans un esprit de coresponsablilité parentale.

La médiation aborde tous les enjeux de la désunion, notamment relationnels, économiques, patrimoniaux, et constitue ainsi un moyen de prévention et un renforcement du lien social.

Par extension, ce processus peut être accessible à l'ensemble des membres de la famille (ascendants, descendants, collatéraux) concernés par une rupture de communication dont l'origine est liée à la séparation : la succession, les nouveaux conjoints ou compagnons, les placements familiaux...

Définition établie par l'Association
pour la médiation familiale

Qui sont les médiateurs familiaux ?

Les médiateurs familiaux justifient d'une formation qualifiante et d'un certificat d'aptitude aux fonctions de médiateur familial ; ils ont pour particularité d'être :

– des professionnels titulaires d'un diplôme des champs psychosociaux, juridiques, pouvant justifier d'une expérience dans le champ de la famille de plus de trois années ;

– des professionnels titulaires d'un diplôme de niveau BAC + 2 minimum, justifiant d'une expérience professionnelle et/ou associative de cinq années au minimum dans le champ de la famille ;

– des personnes ne justifiant pas des diplômes précités ou de l'expérience professionnelle exigée et qui voient accepter leur candidature après validation de leurs acquis, conformément à la loi de 1971.

Depuis 1991, il existe un code de déontologie spécifique à la médiation familiale (APMF) auquel ils peuvent se référer et adhérer. Il est à noter qu'il existe, également, d'autres codes de déontologie généraliste relatifs à la médiation au sens large.

Quelle est leur formation ?

Depuis 1992, à l'initiative de l'APMF, une Charte européenne régit les centres de formation qui proposent des programmes de formation à la médiation familiale. La plupart des centres de formation sont regroupés au sein du Forum européen, association régie par la loi de 1901. C'est le Forum européen qui délivre l'agrément des centres de formation se référant aux critères des standards définis par cet organisme.

Cette formation est d'une durée minimale de 210 heures théoriques, d'un stage d'observation dans un lieu de gestion des conflits, d'un stage professionnel, de la présentation et de la soutenance d'un mémoire de fin de formation.

Où exercent-ils ?

Les médiateurs familiaux exercent dans des structures diverses :

– des associations à caractère social ayant développé un service de médiation familiale (sauvegarde de l'enfance, UDAF, pour Toulouse : PEA) ;

– des associations à caractère familial ayant développé un service de médiation (EPE, AFCCC, CNIDFF...) ;

– des associations spécifiquement créées autour de la pratique de la médiation familiale (pour Toulouse : IMF, CEMAF...) ;

– des services publics ou parapublics (villes de Paris, de Nice, de Marseille, SNCF, ministère des Finances, CAF...) ;

– et parfois en secteur libéral.

Le coût des entretiens de médiation familiale est spécifique à chacun en fonction des structures. Il peut être souvent, compte tenu d'un barème, proportionnel aux ressources de chacun des deux parents, ou toute autre modalité en fonction des services de médiation.

Quelles sont leurs associations représentatives ?

Les deux associations à caractère national sont :

– l'Association pour la médiation familiale (APMF), créée en 1988, qui regroupe des médiateurs familiaux, des services de médiation familiale, des professionnels du champ psychosocial ou juridique. Elle a pour objet de réfléchir et de promouvoir la déontologie, la formation et d'intervenir auprès des pouvoirs publics en vue de la reconnaissance de cette pratique. Au sein des différentes régions se trouvent des « réseaux régionaux » qui regroupent les médiateurs et favorisent les échanges et la réflexion ;

– le Comité national des associations et services de médiation familiale, créé en 1991, qui regroupe uniquement des personnes morales ou des services de médiation familiale. Son objet est de représenter les services et associations de médiation familiale auprès des pouvoirs publics et d'œuvrer pour la reconnaissance des conditions d'exercice des médiateurs familiaux.

Ces deux associations travaillent ensemble depuis plusieurs mois auprès de la Délégation interministérielle à la famille avec pour objectif de fixer les critères de formation, les compétences et les conditions d'exercice des médiateurs familiaux.

Impression réalisée sur Presse Offset par

BRODARD & TAUPIN

GROUPE CPI

17294 – La Flèche (Sarthe), le 11-02-2003
Dépôt légal : mars 2003

POCKET – 12, avenue d'Italie - 75627 Paris cedex 13
Tél. : 01.44.16.05.00

Imprimé en France